会社別就活ハンドブックシリーズ

2025
オービックの就活ハンドブック

就職活動研究会 編

JOB HUNTING BOOK

はじめに

2021年春の採用から，1953年以来続いてきた，経団連（日本経済団体連合会）の加盟企業を中心にした「就活に関するさまざまな規定事項」の規定が，事実上廃止されました。それまで卒業・修了年度に入る直前の3月以降になり，面接などの選考は6月であったものが，学生と企業の双方が活動を本格化させる時期が大幅にはやまることになりました。この動きは2022年春そして2023年春へと続いております。

また新型コロナウイルス感染者の増加を受け，新卒採用の活動に対してオンラインによる説明会や選考を導入した企業が急速に増加しました。採用環境が大きく変化したことにより，どのような場面でも対応できる柔軟性，また非接触による仕事の増加により，傾聴力というものが新たに求められるようになりました。

『会社別就職ハンドブックシリーズ』は，いわゆる「就活生向け人気企業ランキング」を中心に，当社が独自にセレクトした上場している一流・優良企業の就活対策本です。面接で聞かれた質問にはじまり，業界の最新情報，さらには上場企業の株主向け公開情報である有価証券報告書の分析など，企業の多角的な判断・研究材料をふんだんに盛り込みました。加えて，地方の優良といわれている企業もラインナップしています。

思い込みや憧れだけをもってやみくもに受けるのではなく，必要な情報を収集し，冷静に対象企業を分析し，エントリーシート作成やそれに続く面接試験に臨んでいただければと思います。本書が，その一助となれば幸いです。

この本を手に取られた方が，志望企業の内定を得て，輝かしい社会人生活のスタートを切っていただけるよう，心より祈念いたします。

就職活動研究会

Contents

第1章

オービックの会社概況

会社によって選考方法は千差万別。面接で問われる内容や採用スケジュールもバラバラだ。採用試験ひとつとってみても，その会社の社風が表れていると言っていいだろう。ここでは募集要項や面接内容について過去の事例を収録している。
また，志望する会社を数字の面からも多角的に研究することを心がけたい。

✔ 企業理念

オービックの考え方

オービックは半世紀にわたって日本の企業の経営を支えてきました。
時代によって、扱うツールは変わりますが、
根底にある考え方は変わることはありません。

01　お客様第一主義

オービックの創業以来一貫したスタンス、それがお客様第一主義です。独立系 SIer としてどこの系列にも属さない立場で、お客様とともに経営課題の解決に向き合っています。この変わらない姿勢こそが、真の顧客満足につながると信じています。

02　ワンストップ・ソリューション

IT 業界の構造は元請けから下請け、孫請けに業務を発注するピラミッド型に例えられますが、オービックでは、コンサルティングからシステム企画、設計、開発、導入後のサポートまで、すべての工程を自社一貫体制で行うことにこだわっています。

03　直接販売・自社開発

販売代理店を使わずお客様と直接向き合うことで、変化を続けるマーケットのニーズや課題をタイムリーに把握。そのノウハウを活用しシステム開発に反映することで、常に最適なソリューションを提供し、課題解決を実現します。

04　製販管一体

製造を担う SE と、販売を担う営業と、SE･営業をサポートする管理部門が「製販管一体」でお客様に向き合います。職種や職責の垣根を越えたオープンでフラットな組織体制は、社員同士の結束力の強さにつながっています。

05　全天候型経営

オービックのソリューションはすべての企業が対象。したがって顧客はあらゆる業界・業種に及び、規模も大企業から中堅・中小企業まで多岐にわたります。だからこそ景気動向に左右されない、強固な経営基盤を構築することができています。

06　新卒主義

オービックの人財採用は、新卒採用のみ。理由は人財育成を重視する企業風土にあります。経営課題を解決するためには、高度なビジネススキルとともにお客様と信頼関係を構築するための人間力が必要。そのために新卒から継続的な育成を行っています。

✔ 会社データ

本店所在地	東京都中央区京橋2丁目4番15号
設立	1968(昭和43)年4月8日
資本金	191億78百万円
社員数	連結: 2,082名 単体: 1,888名 (2023年3月末日現在)
売上高	連結: 1,001億67百万円 単体: 933億44百万円 (2023年3月期)
事業内容	システムインテグレーション事業 システムサポート事業 オフィスオートメーション事業

2023年3月末日現在

✔ 仕事内容

ソリューション営業

あらゆる業界・業種にアプローチし、顧客企業を開拓しながら、経営課題を解決するソリューションを提案する。経営や業務に関するコンサルティングから、顧客との折衝交渉・契約の締結、システム導入後のさらなる改善提案に至るまで、仕事の領域は幅広い。

マーケティング推進

全社的なマーケティング・戦略立案からプロジェクトのサポート、さらにはクラウドアカデミーやスタジオを活用したソリューションセミナーの企画·運営、新たなソリューションの企画まで幅広く営業・SE を支える。

システムエンジニア

主にコンサルティングとシステム設計を担当する。アプリケーションやネットワークインフラ、セキュリティなど専門分野は分かれ、その専門知識とともに、経営や業界に関する知識と、顧客に提案する力が求められる。またプログラムエンジニアやインストラクターをリードしながら、システム構築を完遂させるプロジェクトマネージャー（PM）としての役割も担う。

プログラムエンジニア

SE が担当する設計書に基づいて、プログラミングを行い、動作検証のためのテストまでを担当する。品質の高い安定したシステムを開発することはもちろんのこと、ユーザーインターフェースや操作性の良し悪しは PE の仕事にかかっている。

インストラクター

システム稼働前の操作指導やテストフォロー、稼働後の運用サポートなどを担当する。システムを使いこなせるようになってもらうことで、その導入効果を高めることがこの職種の役割といえる。

ソリューション開発

自社 ERP「OBIC7」を中核としたソリューションの開発を担当する。最先端の技術動向や、企業経営に関する法改正などの最新の情報をリサーチし、営業や SE とコミュニケーションを密に取りながら、顧客へのベストなソリューションを企画・開発する。

管理・事務スタッフ

総務、人事、経理、法務、経営企画、広報、秘書、受付などの管理部門スタッフや、営業・SE・マーケティング推進を支える事務スタッフなど、組織を運営する上で欠かすことができない仕事を担当する。組織全体を見渡す視野の広さや、先を読む力が求められる。

✔ 先輩社員の声

戦略的マーケティングで
新たな領域を切り拓く

【ソリューション営業／ 2018 年入社】

年齢や立場に関係なくフラットに発言できる

就職活動では成長が著しかった IT 業界に興味を持ち、IT コンサルや Web マーケティングなどの企業を中心に情報収集をしていました。そんなとき説明会で偶然、存在を知ったのがオービックでした。元々 SIer は視野に入れてなかったのですが、マーケティングからソリューション提案、設計・開発、稼働支援・サポートまで一連の流れすべてを一社で行っており、若いうちからさまざまな経験ができると知り、とても魅力的に映りました。

仕事内容も大事ですが、長く働き続けるには一緒に働く「人」も重要です。説明会や面接でいつもフランクに接してくれた人事、選考後半で直接学生に向け社員や会社への想いを熱く話してくれた社長など、選考が進んでも「人の良さ」が印象的で、ここなら自分でも意欲的に長く働き続けられると確信して入社を決めました。

ただ、まさか入社後も社長と話す機会がこんなに頻繁にあるとは思いませんでした。若手のうちから社長にプロジェクトの状況報告をする機会があり、社内で声をかけてもらうこともしばしば。年齢や立場に関係なくフラットに発言できる空気があり、学生時代に想像していた会社のイメージから、良い意味で裏切られたと感じています。

業界を組み合わせることでシナジーを発揮する

入社後は営業担当として銀行や信用金庫といった金融機関を中心に既存顧客への提案と、新規顧客の開拓をしています。特に注力しているのは、新たな事業やビジネスの提案による新規顧客の開拓です。具体的には、金融業界のソリューションによって培ったノウハウを活かして、他業界向けに金融事業の立ち上げを支える付加価値の高い仕組みを提案しています。

オービックには多種多様な業界に精通したメンバーが大勢います。業界に対するマーケティング戦略を立案するため、部門を横断したメンバーに声をかけて、見込み顧客の絞り込みや成功事例の共有、訴求方法の検討など、日々活発な情報交換を行っています。

オービックの営業活動は、戦略的に行っています。まずは、既存顧客から生の声を直接聞いて、業界に共通する課題などを把握。次に、それらを踏まえ仮説を立てた上で、電話によるアポイント獲得や、営業が自ら企画·講師を務めるソリューションセミナーなど、状況に応じて適切なアプローチ手段を選んで動きます。仮説通りに提案を求めているお客様に出会えると、手応えを感じます。

自らが考えた仕組みが、社会で価値を発揮する醍醐味

【ソリューション開発／ 2017 年入社】

ソリューションの提供を自社のみで実現する唯一の会社

子供のころからコンピュータには興味がありました。また大学でシステムやプログラミングを学んだことでさらに興味が膨らみ、「いつか自分の手でシステムを作ってみたい」という気持ちから、SE を目指すようになりました。
オービックに惹かれたのは、自社だけでシステム構築の全工程を担うワンストップソリューションを実現している唯一の会社だからです。システムを開発するだけでなく、お客様に活用していただくところまで見届けたいと考えていた私にとって、ピッタリの会社だと感じました。
また、選考の中で先輩社員と直接話をする機会があったのですが、親身になってアドバイスをくれる方ばかりで、このような人たちと一緒に働きたいと思い、入社を決意しました。

入社後は AI を猛勉強して開発チームのリーダーに

入社後の面談で「新しいものを作りたい」と言っていたことが目に留まったようで、開発本部へ配属となりました。働いていて感じるのは、思った以上に若いうちから挑戦させてくれる会社であること。私の場合は、AI ツールの開発やテストを担当するだけでなく、会社の PR イベントでスピーカーとして登壇するなど想定外の業務にも挑戦させてもらいました。
３年目からは AI を応用した新規技術の開発チームで AI エンジン開発の主担当を務めることに。チームメンバーと一緒に AI についての知識を深めながら日々開発に邁進しました。AI の勉強は入社後から始めたので、毎日、調べては作り、調べては作りの繰り返し。AI に関する資格を取得したり、統計学など関連する領域も含めるとかなりの知識習得が必要です。AI エンジン完成後は、その技術を応用した製品開発のフェーズに移行。現在は、AI 製品開発チームのリーダーを務めています。

さまざまな人たちの力を借りて新しい機能を実現する

新たなシステムを世に送り出すことは簡単ではありません。市場のニーズに基づいた新しい機能を考えてロジックを設計。それを開発して効果や操作性を検証して、修正を加える。このサイクルを何回も繰り返します。
スムーズに進めるためには、日々お客様と接している営業や SE の協力が欠かせません。当社には業界ごとに部署横断的なワーキンググループ（WG）があります。私も参加して多くの企業が抱えている課題をWGメンバーから聞いたり、お客様との打ち合わせに同席させてもらったりと情報収集をしています。お陰でお客様の業務に役立つ AI による新機能が少しずつ見えてきており、製品化に向けて準備を進めています。
また、今回の開発では複数の特許の申請を行うことができました。自分が考えたものが形になり、世の中でその価値を認めてもらえるということに非常やりがいを感じます。メンバーたちと支えあいながらエンジニアとして成長し続けていきたいと思っています。

✔ 募集要項

掲載している情報は過去ものです。
最新の情報は各企業のHP等を確認してください。

応募資格	2024年3月 大学卒業・大学院修了見込者
採用予定学科	全学部全学科　※文理不問
採用職種	【営業系】 ソリューション営業 【システム系】 システムエンジニア(SE)[アプリケーション／ネットワーク]、プログラムエンジニア(PE)、インストラクター(INST)、ソリューション開発 【管理・事務系】 総務、人事、経理、法務、経営企画、広報、秘書、受付、事務
初任給	310,000円（2023年実績：関東地区） 300,000円（2023年実績：その他地区） ※皆勤手当5,000円、職務手当5,000円を含む
諸手当	住宅（※）、家族、役職、受付、資格、時間外勤務、通勤、皆勤、職務 ※上記に加え、入社7年目の終わりまで住宅手当加算あり
賞与	年2回
昇給	年1回
勤務地	東京、名古屋、大阪、福岡
休日・休暇	完全週休2日制、祝日、GW、夏期、年末年始、有給、時間有給、慶弔、育児、看護介護、特別など
その他	各種社会保険、財形貯蓄、社員持株制度、選択型福利厚生サービス

✔ 採用の流れ （出典：東洋経済新報社『就職四季報』）

エントリーの時期	【総・技】3〜7月
採用プロセス	【総・技】説明会・適性検査（3月〜）→面接（3〜4回）→内々定
採用実績数	（下記の表参照）

	大卒男	大卒女	修士男	修士女
2022年	92 (文：67 理：25)	41 (文：38 理：3)	12 (文：0 理：12)	0 (文：0 理：0)
2023年	106 (文：72 理：34)	35 (文：31 理：4)	5 (文：0 理：5)	0 (文：0 理：0)
2024年	105 (文：85 理：20)	50 (文：40 理：10)	5 (文：0 理：5)	0 (文：0 理：0)

採用実績校

【文系】
北海道大学，東北大学，東京大学，東京工業大学，早稲田大学，慶應義塾大学，明治大学，東京理科大学，横浜国立大学，名古屋大学，名古屋工業大学，京都大学，大阪大学，神戸大学，大阪公立大学，関西大学，広島大学，九州大学，九州工業大学　他

【理系】
文系に含む

✔ 就活生情報

面接では，一歩引いた視点で臨むと良いかと思います。

システムエンジニア 2023卒

エントリーシート

・形式：採用ホームページから記入

・内容：ガクチカ，志望動機

セミナー

・選考とは無関係

・服装：リクルートスーツ

・内容：一般的な企業紹介。参加するだけでも意欲のアピールにはなる

筆記試験

・形式：Webテスト

・科目：SPI（数学，算数／国語，漢字／その他）

面接（個人・集団）

・雰囲気：和やか

・回数：4回

・質問内容：企業理解，業務理解，他社比較，志望動機，IT業界に興味を持った理由，オービックを受けた理由。

企業研究

・採用ページ，説明会，説明会動画など

内定

・電話

▶ その他受験者からのアドバイス

・企業研究，他社比較，志望動機が特に求められる企業。ここは抜かり無くやったほうがいい。

・選考通過なら翌営業日に電話で連絡される。

選考を受けている会社を比較し，その会社にしかない特徴が自分とマッチしていることをアピールしましょう。

総合職 2022卒

エントリーシート

・形式：採用ホームページから記入
・内容：長所を活かして将来企業で実現したいこと

セミナー

・選考とは無関係
・服装：全くの普段着
・内容：WEB説明会。会社説明と現場社員への質問。終了後ESとWEBテストの案内が来る。

筆記試験

・形式：Webテスト
・科目：SPI（数学，算数／国語，漢字／性格テスト）

面接（個人・集団）

・雰囲気：普通
・回数：4回
・質問内容：志望動機，ガクチカ，志望職種と理由，同業他社との比較，他社選考状況

内定

・拘束や指示：他社の内定辞退
・通知方法：不明
・タイミング：予定通り

その他受験者からのアドバイス

・内定の場合，面接のその場で伝えられる。
・面接では，真面目かつ和やかな雰囲気で話をきちんと聴いてくれる。

✔ 有価証券報告書の読み方

01 部分的に読み解くことからスタートしよう

「有価証券報告書（以下，有報）」という名前を聞いたことがある人も少なくはないだろう。しかし，実際に中身を見たことがある人は決して多くはないのではないだろうか。有報とは上場企業が年に１度作成する，企業内容に関する開示資料のことをいう。開示項目には決算情報や事業内容について，従業員の状況等について記載されており，誰でも自由に見ることができる。

一般的に有報は，証券会社や銀行の職員，または投資家などがこれを読み込み，その後の戦略を立てるのに活用しているイメージだろう。その認識は間違いではないが，だからといって就活に役に立たないというわけではない。就活を有利に進める上で，お得な情報がふんだんに含まれているのだ。ではどの部分が役に立つのか，実際に解説していく。

■有価証券報告書の開示内容

では実際に，有報の開示内容を見てみよう。

有価証券報告書の開示内容
第一部【企業情報】
第１【企業の概況】
第２【事業の状況】
第３【設備の状況】
第４【提出会社の状況】
第５【経理の状況】
第６【提出会社の株式事務の概要】
第７【提出会社の状参考情報】
第二部【提出会社の保証会社等の情報】
第１【保証会社情報】
第２【保証会社以外の会社の情報】
第３【指数等の情報】

有報は記載項目が統一されているため，どの会社に関しても同じ内容で書かれている。このうち就活において必要な情報が記載されているのは，第一部の第１【企業の概況】～第５【経理の状況】まで，それ以降は無視してしまってかまわない。

02 企業の概況の注目ポイント

第１【企業の概況】には役立つ情報が満載。そんな中，最初に注目したいのは，冒頭に記載されている【主要な経営指標等の推移】の表だ。

回次		第25期	第26期	第27期	第28期	第29期
決算年月		平成24年３月	平成25年３月	平成26年３月	平成27年３月	平成28年３月
営業収益	（百万円）	2,532,173	2,671,822	2,702,916	2,756,165	2,867,199
経常利益	（百万円）	272,182	317,487	332,518	361,977	428,902
親会社株主に帰属する当期純利益	（百万円）	108,737	175,384	199,939	180,397	245,309
包括利益	（百万円）	109,304	197,739	214,632	229,292	217,419
純資産額	（百万円）	1,890,633	2,048,192	2,199,357	2,304,976	2,462,537
総資産額	（百万円）	7,060,409	7,223,204	7,428,303	7,605,690	7,789,762
１株当たり純資産額	（円）	4,738.51	5,135.76	5,529.40	5,818.19	6,232.40
１株当たり当期純利益	（円）	274.89	443.70	506.77	458.95	625.82
潜在株式調整後１株当たり当期純利益	（円）	—	—	—	—	—
自己資本比率	（%）	26.5	28.1	29.4	30.1	31.4
自己資本利益率	（%）	5.9	9.0	9.5	8.1	10.4
株価収益率	（倍）	19.0	17.4	15.0	21.0	15.5
営業活動によるキャッシュ・フロー	（百万円）	558,650	588,529	562,763	622,762	673,109
投資活動によるキャッシュ・フロー	（百万円）	△370,684	△465,951	△474,697	△476,844	△499,575
財務活動によるキャッシュ・フロー	（百万円）	△152,428	△101,151	△91,367	△86,636	△110,265
現金及び現金同等物の期末残高	（百万円）	167,525	189,262	186,057	245,170	307,809
従業員数［ほか、臨時従業員数］	（人）	71,729 ［27,746］	73,017 ［27,312］	73,551 ［27,736］	73,329 ［27,313］	73,053 ［26,147］

見慣れない単語が続くが，そう難しく考える必要はない。特に注意してほしいのが，**営業収益**，**経常利益**の二つ。営業収益とはいわゆる**総売上額**のことであり，これが企業の本業を指す。その営業収益から営業費用（営業費（販売費＋一般管理費）＋売上原価）を差し引いたものが**営業利益**となる。会社の業種はなんであれ，モノを顧客に販売した合計値が営業収益であり，その営業収益から人件費や家賃，広告宣伝費などを差し引いたものが営業利益と覚えておこう。対して経常利益は営業利益から本業以外の損益を差し引いたもの。いわゆる金利による収益や不動産収入などがこれにあたり，本業以外でその会社がどの程度の力をもっているかをはかる絶好の指標となる。

■会社のアウトラインを知れる情報が続く。

この主要な経営指標の推移の表につづいて,「会社の沿革」,「事業の内容」,「関係会社の状況」「従業員の状況」などが記載されている。自分が試験を受ける企業のことを，より深く知っておくにこしたことはない。会社がどのように発展してきたのか，主としている事業はどのようなものがあるのか，従業員数や平均年齢はどれくらいなのか，志望動機などを作成する際に役立ててほしい。

03 事業の状況の注目ポイント

第2となる【事業の状況】において，最重要となるのは**業績等の概要**といえる。ここでは1年間における収益の増減の理由が文章で記載されている。「○○という商品が好調に推移したため，売上高は△△になりました」といった情報が，比較的易しい文章で書かれている。もちろん，損失が出た場合に関しても包み隠さず記載してあるので，その会社の1年間の動向を知るための格好の資料となる。

また，業績については各事業ごとに細かく別れて記載してある。例えば鉄道会社ならば，①運輸業，②駅スペース活用事業，③ショッピング・オフィス事業，④その他といった具合だ。**どのサービス・商品がどの程度の売上を出したのか**，会社の持つ展望として，今後**どの事業をより活性化**していくつもりなのか，などを意識しながら読み進めるとよいだろう。

■「対処すべき課題」と「事業等のリスク」

業績等の概要と同様に重要となるのが，「**対処すべき課題**」と「**事業等のリスク**」の2項目といえる。ここで読み解きたいのは，その会社の**今後の伸びしろ**について。いま，会社はどのような状況にあって，どのような課題を抱えているのか。また，その課題に対して取られている対策の具体的な内容などから経営方針などを読み解くことができる。リスクに関しては法改正や安全面，他の企業の参入状況など，会社にとって決してプラスとは言えない情報もつつみ隠さず記載してある。客観的にその会社を再評価する意味でも，ぜひ目を通していただきたい。

次代を担う就活生にとって，ここの情報はアピールポイントとして組み立てやすい。「新事業の○○の発展に際して……」，「御社が抱える●●というリスクに対して……」などという発言を面接時にできれば，面接官の心証も変わってくるはずだ。

04 経理の状況の注目ポイント

最後に注目したいのが，第5【経理の状況】だ。ここでは，簡単にいえば【主要な経営指標等の推移】の表をより細分化した表が多く記載されている。ここの情報をすべて理解するのは，簿記の知識がないと難しい。しかし，そういった知識があまりなくても，読み解ける情報は数多くある。例えば**損益計算書**などがそれに当たる。

連結損益計算書

（単位：百万円）

	前連結会計年度 （自　平成26年４月１日 至　平成27年３月31日）	当連結会計年度 （自　平成27年４月１日 至　平成28年３月31日）
営業収益	2,756,165	2,867,199
営業費		
運輸業等営業費及び売上原価	1,806,181	1,841,025
販売費及び一般管理費	※1　522,462	※1　538,352
営業費合計	2,328,643	2,379,378
営業利益	427,521	487,821
営業外収益		
受取利息	152	214
受取配当金	3,602	3,703
物品売却益	1,438	998
受取保険金及び配当金	8,203	10,067
持分法による投資利益	3,134	2,565
雑収入	4,326	4,067
営業外収益合計	20,858	21,616
営業外費用		
支払利息	81,961	76,332
物品売却損	350	294
雑支出	4,090	3,908
営業外費用合計	86,403	80,535
経常利益	361,977	428,902
特別利益		
固定資産売却益	※4　1,211	※4　838
工事負担金等受入額	※5　59,205	※5　24,487
投資有価証券売却益	1,269	4,473
その他	5,016	6,921
特別利益合計	66,703	36,721
特別損失		
固定資産売却損	※6　2,088	※6　1,102
固定資産除却損	※7　3,957	※7　5,105
工事負担金等圧縮額	※8　54,253	※8　18,346
減損損失	※9　12,738	※9　12,297
耐震補強重点対策関連費用	8,906	10,288
災害損失引当金繰入額	1,306	25,085
その他	30,128	8,537
特別損失合計	113,379	80,763
税金等調整前当期純利益	315,300	384,860
法人税、住民税及び事業税	107,540	128,972
法人税等調整額	26,202	9,326
法人税等合計	133,742	138,298
当期純利益	181,558	246,561
非支配株主に帰属する当期純利益	1,160	1,251
親会社株主に帰属する当期純利益	180,397	245,309

主要な経営指標等の推移で記載されていた**経常利益**の算出する上で必要な営業外収益などについて，詳細に記載されているので，一度目を通しておこう。

いよいよ次ページからは実際の有報が記載されている。ここで得た情報をもとに有報を確実に読み解き，就職活動を有利に進めよう。

✔ 有価証券報告書

※抜粋

企業の概況

1　主要な経営指標等の推移

(1)　連結経営指標等

回次		第52期	第53期	第54期	第55期	第56期
決算年月		2019年３月	2020年３月	2021年３月	2022年３月	2023年３月
売上高	(百万円)	74,163	80,488	83,862	89,476	100,167
経常利益	(百万円)	41,927	46,012	52,600	60,174	70,223
親会社株主に帰属する当期純利益	(百万円)	32,223	35,096	38,001	43,500	50,116
包括利益	(百万円)	32,201	33,036	42,755	50,506	54,874
純資産額	(百万円)	218,476	238,392	266,025	293,567	327,864
総資産額	(百万円)	244,909	264,596	298,257	323,927	366,708
１株当たり純資産額	(円)	2,456.16	2,680.06	2,990.72	3,310.49	3,697.16
１株当たり当期純利益金額	(円)	362.26	394.56	427.22	489.96	565.14
潜在株式調整後１株当たり当期純利益金額	(円)	―	―	―	―	―
自己資本比率	(%)	89.2	90.1	89.2	90.6	89.4
自己資本利益率	(%)	15.5	15.4	15.1	15.5	16.1
株価収益率	(倍)	30.8	35.9	47.4	37.6	37.0
営業活動によるキャッシュ・フロー	(百万円)	29,843	31,999	41,677	38,972	52,960
投資活動によるキャッシュ・フロー	(百万円)	△8,209	△9,238	△5,422	△44,053	1,282
財務活動によるキャッシュ・フロー	(百万円)	△11,119	△13,120	△15,121	△22,965	△20,619
現金及び現金同等物の期末残高	(百万円)	119,972	129,612	150,745	122,699	156,321
従業員数	(人)	2,058	2,051	2,049	2,054	2,082

(注) 1. 潜在株式調整後1株当たり当期純利益金額については，潜在株式が存在しないため記載しておりません。

2. 「収益認識に関する会計基準」(企業会計基準第29号　2020年3月31日) 等を第55期の連結会計年度の期首から適用しており，第55期以降の連結会計年度に係る主要な経営指標等については，当該会計基準等を適用した後の指標等となっております。

---

point 主要な経営指標等の推移

数年分の経営指標の推移がコンパクトにまとめられている。見るべき箇所は連結の売上，利益，株主資本比率の3つ。売上と利益は順調に右肩上がりに伸びているか，逆に利益で赤字が続いていたりしないかをチェックする。株主資本比率が高いとリーマンショックなど景気が悪化したときなどでも経営が傾かないという安心感がある。

(2) 提出会社の経営指標等

回次		第52期	第53期	第54期	第55期	第56期
決算年月		2019年３月	2020年３月	2021年３月	2022年３月	2023年３月
売上高	(百万円)	65,068	70,811	74,720	82,616	93,344
経常利益	(百万円)	37,934	42,275	49,146	56,097	66,512
当期純利益	(百万円)	28,700	31,854	35,005	40,138	46,918
資本金	(百万円)	19,178	19,178	19,178	19,178	19,178
発行済株式総数	(株)	99,600,000	99,600,000	99,600,000	99,600,000	99,600,000
純資産額	(百万円)	174,733	192,229	215,575	239,240	271,196
総資産額	(百万円)	197,473	215,058	244,189	266,077	305,940
１株当たり純資産額	(円)	1,964.39	2,161.08	2,423.55	2,697.85	3,058.15
１株当たり配当額 (内１株当たり中間配当額)	(円)	135.00 (57.50)	160.00 (70.00)	185.00 (80.00)	215.00 (92.50)	250.00 (110.00)
１株当たり当期純利益金額	(円)	322.65	358.11	393.54	452.10	529.08
潜在株式調整後１株当たり当期純利益金額	(円)	－	－	－	－	－
自己資本比率	(%)	88.5	89.4	88.3	89.9	88.6
自己資本利益率	(%)	17.2	17.4	17.2	17.7	18.4
株価収益率	(倍)	34.6	39.5	51.4	40.7	39.5
配当性向	(%)	41.8	44.7	47.0	47.6	47.3
従業員数	(人)	1,875	1,860	1,854	1,857	1,888
株主総利回り	(%)	127.6	163.3	234.0	216.0	246.8
(比較指標：配当込みTOPIX)	(%)	(95.0)	(85.9)	(122.1)	(124.6)	(131.8)
最高株価	(円)	11,320	16,050	24,110	23,960	22,770
最低株価	(円)	8,030	10,850	13,390	17,050	17,570

(注) 1. 潜在株式調整後1株当たり当期純利益金額については，潜在株式が存在しないため記載しておりません。

2. 最高株価及び最低株価は，2022年4月4日より東京証券取引所プライム市場におけるものであり，それ以前については東京証券取引所市場第一部におけるものであります。

3. 「収益認識に関する会計基準」(企業会計基準第29号　2020年3月31日）等を第55期の事業年度の期首から適用しており，第55期以降の事業年度に係る主要な経営指標等については，当該会計基準等を適用した後の指標等となっております。

2 沿革

年月	沿革
1968年4月	・会計機その他の事務機器等の国内販売を目的として大阪市西区阿波座南通に株式会社大阪ビジネスを設立
1969年5月	・本店を大阪市東区常盤町に移転
1971年11月	・東京支店（現東京本社）開設
1972年8月	・株式会社オービーシステム設立（現・関連会社）
1973年12月	・名古屋支店開設
1974年1月	・商号を株式会社オービックに変更し，本店を大阪市南区塩町通に移転
1976年1月	・東京，大阪2本社制実施，福岡支店開設
7月	・株式会社オービックオフィスオートメーション設立
1979年11月	・本店を大阪市南区順慶町通に移転 ・株式会社オービックオフィスオートメーション・中部設立
1980年12月	・株式会社オービックビジネスコンサルタント設立（現・関連会社）
1981年9月	・株式会社オービックビジネスソリューション設立
1982年2月	・住居表示の変更により本店所在地を大阪市南区南船場に変更
8月	・静岡営業所，広島サービスセンター（現広島営業所）開設 ・株式会社オービックシステムエンジニアリング（大阪）設立
1983年4月	・株式会社オービックシステムエンジニアリング（東京）設立
10月	・株式会社オービックシステムエンジニアリング（名古屋）設立
11月	・株式会社新潟オービックシステムエンジニアリング設立（現・関連会社）
1984年2月	・横浜支店開設
1986年1月	・北九州営業所開設（福岡支店に統合）
1987年7月	・千葉支店開設
1988年10月	・京都支店開設
1989年2月	・合区実施による区変更のため本店所在地を大阪市中央区南船場に変更
1994年8月	・松本出張所（現松本営業所）開設
1995年3月	・本店を大阪市中央区博労町に移転
10月	・北関東営業所（現北関東支店）開設
1996年1月	・株式会社オービックオフィスオートメーション・中部は，株式会社オービックオフィスオートメーションを吸収合併し，同時に商号を株式会社オービックオフィスオートメーションに変更（現・連結子会社）
9月	・本店を東京都中央区日本橋本町に移転
10月	・立川営業所，厚木営業所開設

1998年12月	・東京証券取引所市場第二部に株式を上場
1999年10月	・株式会社オービックビジネスコンサルタントの株式を店頭市場に公開
2000年3月	・東京証券取引所の市場第一部に指定
2003年10月	・株式会社オービックシステムエンジニアリング（大阪），株式会社オービックシステムエンジニアリング（東京），株式会社オービックシステムエンジニアリング（名古屋）の3社は合併し，商号を株式会社オービックシステムエンジニアリングに変更
2004年3月	・株式会社オービックビジネスコンサルタントの株式を東京証券取引所の市場第一部に上場
2005年1月	・東京新本社ビルが竣工し，本店を東京都中央区京橋に移転
2006年3月	・情報セキュリティマネジメントシステム（ISMS）認証基準の取得
2007年10月	・Microsoft Regional Sales CorporationとISVロイヤリティ契約を締結
2012年10月	・連結子会社であった株式会社オービックシステムエンジニアリング及び株式会社オービックビジネスソリューションの2社を吸収合併
2019年3月	・オービッククラウドサービスにおいて米国保証業務基準書第18号（SSAE18）に準拠した「SOC1　Type2報告書」を受領
2020年2月	・大阪新本社ビルが竣工し，大阪本社を大阪府大阪市中央区平野町に移転
2021年6月	・名古屋支店を愛知県名古屋市中村区名駅に移転
2022年1月	・環境マネジメントシステム（EMS）認証基準の取得
4月	・東京証券取引所の市場区分の見直しにより，東京証券取引所の市場第一部からプライム市場に移行
2023年3月	・オービッククラウドサービスにおいて米国保証業務基準書第18号（SSAE18）に準拠した「SOC2 Type2報告書」を受領
6月	・株式会社オービーシステムの株式を東京証券取引所のスタンダード市場に上場

3　事業の内容

当社グループは，株式会社オービック（当社）及び連結子会社1社並びに持分法適用関連会社2社により構成されており，事業は主に企業情報システムのシステムインテグレーション事業，システムサポート事業，オフィスオートメーション事業，及び業務用パッケージソフト事業を行っております。

事業内容及び当社と関係会社の当該事業にかかる位置づけ並びにセグメントとの関連は，次の通りであります。

なお，事業区分のうち業務用パッケージソフト事業については，関連会社で行っ

---

point　沿革

どのように創業したかという経緯から現在までの会社の歴史を年表で知ることができる。過去に行った重要なM＆Aなどがいつ行われたのか，ブランド名はいつから使われているのか，いつ頃から海外進出を始めたのか，など確認することができて便利だ。

ているため，事業のセグメントには含まれておりません。

区分	主要製品	主要な会社	
システムインテグレーション事業	統合基幹業務システム	製造・販売	当社
		その他製品の製造等	㈱オービーシステム
システムサポート事業	統合基幹業務システムの運用支援・保守等	メンテナンス実施	当社
オフィスオートメーション事業	ＯＡ機器一般及びコンピュータサプライ用品	仕入・販売	㈱オービックオフィスオートメーション
業務用パッケージソフト事業	財務会計等パッケージソフト	製造・販売	㈱オービックビジネスコンサルタント

以上の企業集団などについて図示すると次の通りであります。

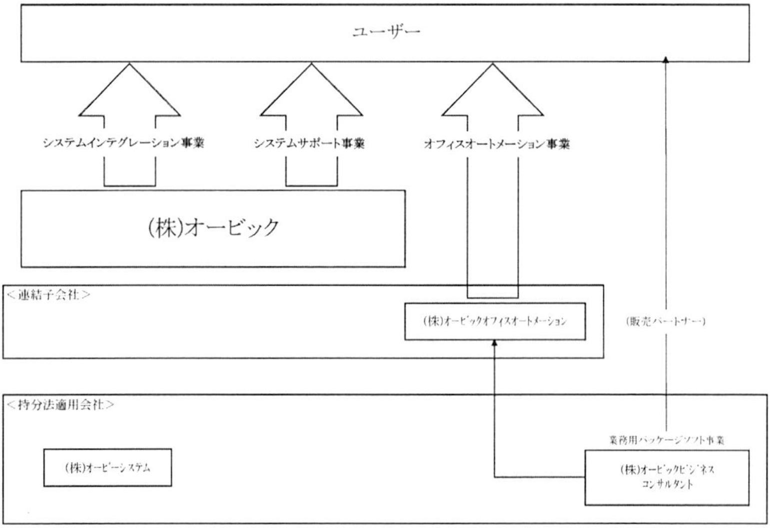

4　関係会社の状況

(1)　連結子会社

名称	住所	資本金 (百万円)	主要な事業内容	議決権の 所有割合 (%)	関係内容
株式会社オービックオフィスオートメーション	東京都中央区	320	オフィスオートメーション事業	100.0	同社仕入商品の購入

(注) 1. 特定子会社に該当するものはありません。

(2)　持分法適用関連会社

名称	住所	資本金 (百万円)	主要な事業内容	議決権の 所有割合 (%)	関係内容
株式会社オービーシステム	大阪市中央区	74	システムインテグレーション事業	38.5	当社との営業取引はありません。
株式会社オービックビジネスコンサルタント	東京都新宿区	10,519	業務用パッケージソフト事業	36.2	同社製造製品の購入

(注) 1. 株式会社オービックビジネスコンサルタントは有価証券報告書を提出しております。

---

point　事業の内容

会社の事業がどのようにセグメント分けされているか，そして各セグメントではどのようなビジネスを行っているかなどの説明がある。また最後に事業の系統図が載せてあり，本社，取引先，国内外子会社の製品・サービスや部品の流れが分かる。ただセグメントが多いコングロマリットをすぐに理解するのは簡単ではない。

5　従業員の状況

(1)　連結会社の状況

2023年3月31日現在

会社名	セグメントの名称	従業員数（人）
株式会社オービック	システムインテグレーション事業及びシステムサポート事業	1,888
株式会社オービックオフィスオートメーション	オフィスオートメーション事業	194
合計		2,082

（注）株式会社オービックにおいて特定のセグメントに区分できないためそれぞれ会社別に記載しております。

(2)　提出会社の状況

2023年3月31日現在

従業員数（人）	平均年齢（才）	平均勤続年数（年）	平均年間給与（円）
1,888	36.1	13.2	10,056,000

（注）平均年間給与（税込み）は，基準外賃金及び賞与を含んでおります。

(3)　労働組合の状況

労働組合は結成されておりませんが，労使関係は円満に推移しております。

事業の状況

1　経営方針，経営環境及び対処すべき課題等

文中の将来に関する事項は，当連結会計年度末現在において当社グループが判断したものであります。

(1)　経営方針

当社グループは，株式会社オービック（当社）及び連結子会社1社並びに持分法適用関連会社2社より構成されており，事業は主に企業情報システムのシステムインテグレーション事業，システムサポート事業，オフィスオートメーション事業及び業務用パッケージソフト事業を行っております。なお，業務用パッケージソフト事業は持分法適用の関連会社で行っているため連結セグメントには含まれておりません。

当情報サービス業界では，企業の生産性向上を目的としたシステム投資需要が活性化し，より効率的でコストパフォーマンスの高い情報システムが求められております。また，変化の激しい経済環境を背景に，従来からの経営資源である「ヒト・モノ・カネ」に加えて「情報」と「時間」の重要性も高まっております。当社は，幅広い業界・規模の企業に「価値ある情報システム」を早期に提供し，継続的なシステム運用サポートを可能とするため，高い技術力とノウハウの蓄積に取り組んでまいりました。

ユーザーオリエンテッド（顧客第一主義）の経営姿勢のもと，クラウドサービスをはじめとした技術革新によって顧客企業のデジタル変革と新たな企業利益の創造を支援することで社会に貢献することを経営の基本方針としております。

(2)　目標とする経営指標及び中長期的な会社の経営戦略ならびに会社の対処すべき課題

当社は中長期的に安定した企業の発展を考え，そのためには利益を意識した経営が重要であると考えております。

自己資本利益率10%以上を一つの目標とし，それを維持・継続できるよう努めております。自社開発製品を直接販売で提供する体制を重要とし，市場ニーズ

---

point　関係会社の状況

主に子会社のリストであり，事業内容や親会社との関係についての説明がされている。特に製造業の場合などは子会社の数が多く，すべてを把握することは難しいが，重要な役割を担っている子会社も多くある。有報の他の項目では一度も触れられていない場合が多いので，気になる会社については個別に調べておくことが望ましい。

に直結したソリューションを自社運営のクラウドセンターにて安定的に提供できるデジタル基盤を整えております。既存顧客のクラウドサービス利用率を高めるとともに，AIなど最新のデジタル技術を用いたデータ活用を促進し，新たな経営課題の設定と具体的な解決策の検討を通じて，顧客企業との継続的な関係性構築に努めてまいります。

「ワンストップソリューションサービス」これは中長期的に見た当社の重要なキーワードであります。導入コンサルティングから，システム構築，運用，情報提供まで当社グループ一貫体制でトータルに「企業の情報システム構築と運用」をサポートしてまいります。また，顧客企業の経営管理や決算業務に関わる統合基幹業務システムの提供及びサポートを行っており，安定的に事業を継続する社会的責任を果たすべく，従業員のテレワーク環境整備や，当社クラウドセンターの拠点二重化をはじめとしたBCP対策などに努めております。

今年度も，継続したイノベーションを重視して顧客満足度の向上に取り組む中で，以下の項目を優先的に対処すべき課題として重視してまいります。

Ⅰ　製販一体体制を推進する

Ⅱ　カスタマイズ性の高い「OBIC7シリーズ」によって，生産性の向上に取り組む

Ⅲ　人材の育成と活性化に注力する

「経営資源を選択・集中し継続する」ことこそが経営にとって重要であると認識しており，今後ともグループ企業各社はその特徴を生かしつつ独立した企業としてグループ内での役割分担を明確にし，「グループの発展」のため経営努力をしてまいります。

2　サステナビリティに関する考え方及び取組

当社グループのサステナビリティに関する考え方及び取組みについては以下の通りです。

なお，文中の将来に関する事項は，当連結会計年度末現在において当社グループが判断したものであります。

（1） サステナビリティ全般に関するガバナンス及びリスク管理 ……………

　当社グループは，「人財の成長が会社の成長」，「Innovation〜破壊と創造〜」の企業理念のもと，事業および企業活動に関する重要課題に取り組むことで，社会と当社自身の持続的な成長を目指しております。代表取締役社長直下の組織であるサステナビリティ推進委員会を中心に，環境・社会・ガバナンスに関する重要課題について部門横断的に取り組んでおります。代表取締役社長については，サステナビリティ課題に関する最高責任者として，委員メンバーより日常的にサステナビリティに関する外部環境・課題の変化や，当社の目標に対する進捗状況，新たな取組みに関する企画提案の報告等を受けており，必要に応じて取締役会等にて報告・共有をしております。

　また，当社では，委員会及び環境マネジメントシステムにおいてリスク管理を行っております。四半期毎に委員会の指示により関連部門にて気候関連をはじめとした各種データの集計を行い，委員メンバーにて進捗状況の確認・分析・課題の抽出等のモニタリングを実施することで，継続的なリスクの把握と管理をしております。

（2） 重要なサステナビリティ項目 ……………………………………………

　上記，ガバナンス及びリスク管理を通して識別された当社グループにおける重要なサステナビリティ項目と主な取組は以下の通りです。

事業に関する重要課題	製造資本	技術革新と製品開発	統合業務ソフトウェア「ＯＢＩＣ７シリーズ」の開発
			プライベート型クラウドサービスの提供
		情報セキュリティの強化	情報セキュリティマネジメントシステム認証基準の取得
			オービッククラウドサービスにおける米国保証業務基準書第18号（SSAE18）に準拠した「SOC1 Type2報告書」及び「SOC2 Type2報告書」の受領
		BCP対応	社員のテレワーク環境整備
			当社クラウドセンターの拠点二重化
			大規模災害時における対応マニュアルの整備と定期訓練
	知的資本	ノウハウ蓄積による付加価値向上	業種・業界の商習慣に特化したビジネスモデル特許化
			ＡＩなど最新のデジタル技術を活用したデータ活用

企業活動に関する重要課題	人的資本	人材の確保と教育	社員をゼロから育てる新卒採用
			業績及び業務プロセスに対するフィードバック制度の実施による社員エンゲージメントの把握と向上
		社員の成長による多様性の確保	直販体制を通じた多様性のある中核人材の育成
			IT・会計・業界など社員の特性に合わせた幅広い教育・研修プログラムの整備と能力開発
		社員のワークライフバランス実現	時間単位年休・時差出勤・在宅勤務など柔軟な働き方の推進
			子育てサポートの優良企業として「くるみん」の認定取得
	自然資本	気候変動対応をはじめとした環境保全	環境マネジメントシステム認証基準の取得
			気候関連財務情報開示タスクフォース（TCFD）の提言に基づく情報開示
	ガバナンスの徹底		指名・報酬諮問委員会設置による透明性・公平性・客観性の強化
			倫理・法令等の遵守に関する各種方針の策定と徹底
			内部通報制度の設置によるコンプライアンス違反等の早期解決と未然防止

(3) 人的資本（人材の多様性の確保を含む）に関する「戦略」並びに「指標と目標」について

① 戦略

a. 経営戦略と人材戦略の連動

当社は企業のビジネスパートナーとして，「人財の成長が会社の成長」，「Innovation～破壊と創造～」という企業理念のもと，お客様と共に変化・成長，新たな企業利益の創造をご支援することで社会に貢献したいと考えております。そのためには，営業・SE・サポートが連携してお客様と向き合う「フラットでオープンな組織体制」を採用し，職種の垣根を越えて，それぞれの専門ノウハウを結集することにより，お客様のスピーディーな問題解決を実現することが重要となります。

人材戦略としては，「メンバーシップ型」や「ジョブ型」をはじめとした画一的な枠組みにとらわれず，新卒で採用した社員の特性にあわせて中長期目線でじっくり育成することで，企業文化の醸成による組織力強化と社員個人の専門性向上の両立に努めることを重点方針としております。

b. 人材の育成に関する方針

「人財の成長が会社の成長につながる」という経営方針のもと，社員の特性にあわせて中長期目線でじっくり人材を育成する方針を定め，具体的な施策として採用戦略や教育戦略の各種方針に反映しております。

<採用戦略>

当社が採用において求める人物像は，前例や過去の成功体験に固執せず，今までの常識にとらわれない柔軟で「ふまじめ」な発想を持ち，社会に貢献するという気概とチャレンジする精神を持つ人物であります。顧客の経営のパートナーとして多種多様な課題に向き合い続けるためにこれらの要素は不可欠だと考えます。当社は，新卒採用にこだわり，顧客の経営課題に対して最適な解決策を探るには社員の提案力やコミュニケーション力などの人間力が重要であると考え，このような人財を中長期で育てております。

<教育戦略>

顧客の持続的な成長を支えるためには，ITスキルだけでなく会計をはじめ幅広い業務知識や業界特有のノウハウの習得が必要であります。当社は充実した教育・研修制度のもと，職種にかかわらず全社員が会計をはじめとした多様な知識やスキルの向上に努めております。研修形式については，対面形式のほか，研修の内容や受講者層に応じてオンライン研修を用意し，様々な社員がワークスタイルに縛られることなく能力向上に取り組めるよう推進しております。その他，資格取得の補助制度や資格手当の支給，通信教育の取り組みなども行い，社員の学びを支援しております。また，創業当初より開催している全社員参加の経営方針発表会やさまざまな研修会などを通じて，毎年イノベーションが生まれております。

c. 社内環境整備に関する方針

社員の特性にあわせて中長期目線でじっくり人材を育成する方針を定め，具体的な施策としてエンゲージメント向上やダイバーシティ推進に向けた環境整備方針や各種取り組みに反映しております。

<エンゲージメント向上に向けた取り組み>

当社は，社員一人ひとりが働きがいを持って仕事に取り組めるよう環境づくりに努めております。年に複数回実施する上司との面談では，社員が期首に設定した個人の活動目標に対して達成度を確認し，適材適所のアサインに活かしております。また，フィードバック制度を設けて周りのメンバーからフィードバックを受けることで成長の加速やモチベーションの向上に繋げております。

そのほか，社員だけでなく社員の家族も参加するオービックファミリー運動会を全国で毎年開催したり，クリスマスには社員にホールケーキが配られたりと，コミュニケーションを重視した風通しの良い企業風土はビジネス上での強い結束力に繋がっております。また，持続的な企業価値向上に向けた制度として，社員持株制度を導入しております。

＜ダイバーシティ推進に向けた取り組み＞

社員一人ひとりの成長とダイバーシティの広がりは相互にシナジーを発揮するという考えのもと，コミュニケーションを重視した風通しの良い企業風土の中で社員それぞれがスキルやノウハウを磨き，個性を伸ばしてまいりました。また，様々な環境の社員全員が最大限に能力を発揮して長期に活躍できるよう，一時間単位で取得可能な時間単位年休や子どもが小学校６年生を修了するまで取得可能な育児のための短時間勤務，時差出勤の導入やテレワーク環境などを設けて，社員皆が働きやすい環境づくりに努めております。ジェンダーダイバーシティについても，女性管理職比率10％以上を一つの指標に掲げて，女性社員の成長機会が増えるよう今後も継続的に取り組んでまいります。

② 指標と目標

また，当社では，上記の「戦略」において記載した人材の多様性の確保を含む「人材の育成に関する方針」及び「社内環境整備に関する方針」について，次の指標を用いております。当該指標に関する目標及び実績は，以下の通りです。

指標	目標 (2028年3月度)	実績 (当連結会計年度)
女性管理職比率	10%以上	9.8%
男性社員の育児休業等取得率	70%以上	71.2%
有給休暇取得率	75%以上	70.2%

(4) 自然資本（気候変動対応等）に関する「戦略」並びに「指標と目標」について

① 戦略

a. リスクと機会

気候変動における当社事業の「リスクと機会」については以下の通りです。

---

point 従業員の状況

主力セグメントや，これまで会社を支えてきたセグメントの人数が多い傾向があるのは当然のことだろう。上場している大企業であれば平均年齢は40歳前後だ。また労働組合の状況にページが割かれている場合がある。その情報を載せている背景として，労働組合の力が強く，人数を削減しにくい企業体質だということを意味している。

＜リスク＞

移行リスク	規制	炭素税等の新たな環境関連規制の導入による事業コストの増加
	法的	重大な環境法令等の違反による訴訟や事業停止
	評判	温室効果ガスの排出規制等に適合できないことによる企業レピュテーションの低下
物理的リスク		気候変動を起因とした大規模な自然災害による業務運営への影響や当社の施設等の損壊

＜機会＞

製品及びサービス	温室効果ガス削減ニーズの高まりによる高度な環境性能を誇るクラウドセンター経由のサービス需要拡大
リソースの効率	電力等エネルギーの効率的な利用に伴う運営コストの削減
レジリエンス	大規模な自然災害に対する事業継続性を担保する堅牢なクラウドセンターの需要拡大

b. 温室効果ガスの排出削減に向けた方針

当社は，気候変動における「リスクと機会」を認識し，温室効果ガスの排出削減に向けた方針や各種取り組みに反映しております。自社保有の東京本社ビルの環境負荷低減を目的として全館のLED化や省エネ設備への切り替えを推進したことで，年間電力消費量の削減につながっております。また，今後は各拠点のオフィスビルにおける電力プランを再生可能エネルギーに順次切り替えることによって，継続的にCO2排出量の削減を行ってまいります。

② **指標と目標**

温室効果ガス排出量（Scope1＋2 ※1）の削減目標

2030年 目標	2017年度比で、排出量を50%削減
2050年 目標	排出量を100%削減

※1）Scope1：自社施設の燃料の消費に伴う直接排出量
Scope2：自社施設における電気・熱の使用に伴う間接排出量

3 事業等のリスク

有価証券報告書に記載した事業の状況，経理の状況等に関する事項のうち，投資家の判断に重要な影響を及ぼす可能性のある事項には以下のようなものが考えられます。なお，将来に関する事項については，当連結会計年度末（2023年3月31日）現在において判断したものであり，特に経営成績に重要な影響を与える恐れがあるものを中心として記載しております。

---

point **業績等の概要**

この項目では今期の売上や営業利益などの業績がどうだったのか，収益が伸びたあるいは減少した理由は何か，そして伸ばすためにどんなことを行ったかということがセグメントごとに分かる。現在，会社がどのようなビジネスを行っているのか最も分かりやすい箇所だと言える。

なお，以下のリスクが顕在化する可能性は，現時点において極めて低いと考えております。

（1）　技術革新と製品開発に関するリスク　・・

　当情報サービス業界は情報技術の革新や市場ニーズの変化に迅速に対応することが求められております。当社は，ネットワーク技術や通信技術，ハードウェアの新製品に対する検証，あるいはソフトウェアやミドルウェアに対する検証等々の幅広い分野で最新の技術動向に関して研究開発活動に努めてまいりました。

　しかしながら，広範な領域において技術革新が急速に進展し，その対応が遅れた場合には，製品開発の遅延に伴う機会損失や開発コストの上昇により，当社の経営成績に影響を与える可能性があると考えております。

（2）　人材流失とノウハウ喪失に関するリスク　・・・・・・・・・・・・・・・・・・・・・・・・・・・・・・・・・・

　当情報サービス業界は他の装置産業等に比べ労働集約的な側面があり「人材のモチベーション」が，よりダイレクトに業績に影響する可能性のある業界であります。当社は優秀な人材の確保と育成に毎年多くの時間とコストをかけ将来性豊かな社員の育成に努めてまいりました。

　仮想ではありますが，敵対的な買収者による奇襲攻撃的な企業買収行為が起きた場合には，人心の混乱を招き，結果としてモチベーションの高い人材の流失やノウハウの喪失を招くとすれば，安定的・継続的に成長・発展させていく企業活動にとって致命的な損失であり，当社の経営成績に重大な影響を与える可能性があると考えております。

（3）　情報セキュリティに関するリスク　・・・

　当社は，機密度の高い経営情報を管理するクラウドサービス提供企業として，米国保証業務基準書第18号（SSAE18）に準拠した「SOC1 Type2 報告書」及び「SOC2 Type2 報告書」を受領し，情報管理規程の整備，研修を通じた社員への周知徹底，ソフトウェア及びインフラのセキュリティ強化などにより，顧客データ管理の強化・徹底と漏洩の防止に努めてまいりました。

　しかしながら，コンピュータウィルスをはじめとしたサイバー攻撃や，人為的過失による紛失や盗難などにより，顧客企業の個人情報が漏洩した場合には，当該顧客からの損害賠償請求による費用発生や，社会的信用の低下などにより，当社の経営成績に影響を与える可能性があると考えております。

(4)　環境・気候変動に関するリスク

当社は，顧客企業の経営管理や決算業務に関わる統合基幹業務システムの提供及びサポートを行っており，安定的に事業を継続する社会的責任を果たすべく，従業員のテレワーク環境整備や，当社クラウドセンターの拠点二重化をはじめとしたBCP対策などに努めてまいりました。また，世界の気候変動リスク緩和に向けた環境負荷低減に取り組む社会的責任の大きさを認識し，高度な環境性能を誇るクラウドセンターへの集約により当社及び顧客企業の温室効果ガス排出の削減にも取り組んでおります。

しかしながら，近年の気候変動を起因とした大規模な自然災害による業務運営への影響や，温室効果ガスの排出規制等の適合に必要なコストの増加，適合できないことによる企業レピュテーション低下等により当社の経営成績に影響を与える可能性があると考えております。

4　経営者による財政状態，経営成績及びキャッシュ・フローの状況の分析

(1)　経営成績等の状況の概要

①　財政状態及び経営成績の状況

当連結会計年度における我が国経済は，一部に弱さがみられるものの，各種政策の効果もあり緩やかな回復基調で推移しました。一方で，世界的な金融引締め等による影響には注意が必要であり，景気の先行きは依然として不透明な状況にあります。

当情報サービス業界においては，企業のデジタル変革（DX）への取り組みなどを背景に，企業の生産性向上や業務効率化を目的としたシステムの更新投資需要は引き続き高い状態にあるものの，先行き不透明な景況感の中で投資判断には慎重さが見られました。企業のニーズは「効率的でコストパフォーマンスの高い情報システム」にあり，さらなる顧客目線でのシステム提案が求められております。

当社は，このような状況の中，自社開発・直接販売にこだわり続け，顧客企業の経営効果を実現するため，製販一体体制のもと顧客満足度を高めるべく努めてまいりました。当社の主力である統合業務ソフトウェア「OBIC7シリーズ」は，会計を中心に統合的に情報を管理するERPシステムとして，製造・流通・サービス・金融等，様々な業種・業界の大手・中堅企業からシステム構築の引き合いが強まりました。システムの早期稼働につながりやすく，グループ全体の最適化やビジネス環境の変化にもスピーディに対応できるクラウドサービスのニーズにも，自社運営のクラウドセンターで提供し対応しております。また，クラウド関連施設の設備増強やセキュリティ・サービス強化，従業員のテレワーク環境整備など，安定的な事業継続や当社の持続的成長につながる先行投資も継続して進めてまいりました。

この結果，当連結会計年度の連結業績は，売上高1,001億67百万円（前期比11.9％増），営業利益624億90百万円（同15.4％増），経常利益は702億23百万円（同16.7％増），親会社株主に帰属する当期純利益は501億16百万円（同15.2％増）となりました。

今後も当社は，顧客第一主義のもと，よりコストパフォーマンスの高いシステム提案ビジネスに注力し業績の向上に努めてまいる所存であります。

セグメントの業績は次の通りであります。

(A)　システムインテグレーション事業

主力の統合業務ソフトウェア「OBIC7シリーズ」は，統合的に情報を管理するERPシステムとして，様々な業界・業種の企業に求められました。主な傾向として，当社クラウドソリューションの採用増加に伴い，サーバー機器等のハードウェア仕入販売の売上が引き続き低水準で推移したものの，付加価値の高い「OBIC7シリーズ」のシステム構築売上については，大手・中堅企業への新規顧客開拓が進み，堅調に推移しております。

この結果，外部顧客に対する売上高は444億67百万円（前期比10.5％増），営業利益は254億74百万円（同12.9％増）となりました。

(B)　システムサポート事業

主力のクラウドソリューションを中心に，ソフトウェア及びハードウェアの「運用支援・保守サービス等」が好調に推移いたしました。

この結果，外部顧客に対する売上高は488億73百万円（前期比15.3％増），営業利益は352億9百万円（同18.0％増）となりました。

(C)　オフィスオートメーション事業

中小企業を中心に印刷サプライやオフィス家具等の販売がやや減少したものの，主力の業務用パッケージソフトの販売については堅調に推移いたしました。

この結果，外部顧客に対する売上高は68億26百万円（前期比0.5％減），営業利益は18億6百万円（同3.6％増）となりました。

②　キャッシュ・フローの状況

当連結会計年度末における現金及び現金同等物（以下「資金」という）は1,563億21百万円となり，前連結会計年度末に比べ，336億22百万円増加いたしました。各キャッシュ・フローの状況とそれらの要因は次の通りであります。

（営業活動によるキャッシュ・フロー）

営業活動の結果増加した資金は，529億60百万円（前期比35.9％増）であります。これは主に税金等調整前当期純利益が702億25百万円計上された一方で，法人税等の支払額が162億77百万円発生したことによるものであります。

（投資活動によるキャッシュ・フロー）

投資活動の結果増加した資金は，12億82百万円（前期は440億53百万円の減少）であります。これは主に定期預金の戻入により118億65百万円増加した一方で，投資有価証券（国内の上場会社株式）の取得により95億31百万円減少したことによるものであります。

（財務活動によるキャッシュ・フロー）

財務活動の結果減少した資金は，206億19百万円（前期は229億65百万円の減少）であります。これは主に配当金の支払額が206億17百万円発生したことによるものであります。

なお，今後とも資金を企業の業績伸長のため有効に使用しつつ，「効率経営」

に努力をしてまいる所存であります。

③　受注及び販売の実績

(A)　受注実績

セグメントの名称	当連結会計年度 （自　2022年４月１日 至　2023年３月31日）	前年同期比（%）
システムインテグレーション事業（百万円）	44,513	110.9
システムサポート事業（百万円）	55,835	114.7
オフィスオートメーション事業（百万円）	6,742	96.5
合計（百万円）	107,091	111.8

（注）1. 金額は販売価額によっております。

(B)　販売実績

セグメントの名称	当連結会計年度 （自　2022年４月１日 至　2023年３月31日）	前年同期比（%）
システムインテグレーション事業（百万円）	44,467	110.5
システムサポート事業（百万円）	48,873	115.3
オフィスオートメーション事業（百万円）	6,826	99.5
合計（百万円）	100,167	111.9

（注）1. 金額は販売価額によっております。
　　　2. セグメント間の取引については相殺消去しております。

(2)　経営者の視点による経営成績等の状況に関する分析・検討内容

当連結会計年度の当社グループにおける財政状態及び経営成績の分析は以下のとおりであります。

なお，文中の将来に関する事項は，当連結会計年度末時点において判断したものであります。

①　財政状態の分析

当連結会計年度末における資産合計残高については，前連結会計年度末比で427億81百万円増加し3,667億8百万円となりました。これは主に，投資有価証券が186億56百万円増加したことによるものであります。

負債合計残高は，84億84百万円増加し388億43百万円となりました。これは主に，未払法人税等が43億89百万円増加したことによるものであります。

純資産合計残高は，342億97百万円増加し3,278億64百万円となりました。これは主に，利益剰余金が294億98百万円増加したことによるものであります。結果，自己資本比率は89.4%となりました。

② **経営成績の分析**

当連結会計年度の連結業績は，売上高1,001億67百万円（前期比11.9%増），営業利益624億90百万円（同15.4%増），経常利益は702億23百万円（同16.7%増），親会社株主に帰属する当期純利益は501億16百万円（同15.2%増）となりました。

システムインテグレーション事業においては，長年のシステム構築の実績と製販一体での直接販売の営業力強化により，企業の幅広いニーズを捉える顧客満足度の高い提案活動を続けております。またシステムサポート事業においても，主力のクラウドソリューションを中心に，ソフトウェア及びハードウェアの「運用支援・保守サービス等」が好調に推移しております。オフィスオートメーション事業においては，付加価値の高い業務用パッケージソフトの提案に注力しております。

全体として営業利益率は62.4%となり，依然として業界トップクラスの高い収益性を確保しております。

なお，詳細な事業別の分析は，3[経営者による財政状態，経営成績及びキャッシュ・フローの状況の分析]（1）経営成績等の状況の概要　①財政状態及び経営成績の状況の項目をご参照ください。

③ **関連会社株式について**

グループ企業であります（株）オービックビジネスコンサルタントの株式は東京証券取引所プライム市場に上場しており，市場価格のある関連会社株式に該当します。当社の持分としては貸借対照表計上額が80億61百万円であるのに対して，期末の時価で算出すると1,356億22百万円となり，1,275億61百万円の含み益を有しています。グループ全体の時価として高い評価を得ております。

④ **キャッシュ・フローの分析並びに資本の財源及び資金の流動性について**

当連結会計年度のキャッシュ・フローの分析につきましては，3[経営者による財政状態，経営成績及びキャッシュ・フローの状況の分析］（1）経営成績等の状況の概要　②キャッシュ・フローの状況の項目をご参照ください。

当社グループの資金需要については，営業活動については，商品等の購入費用，外注費，労務費，経費などであります。そして，投資活動については，主に当社グループ事業に必要な設備機器の購入などであります。これらの需要に対しては，借入金にて資金を調達することなく，すべての資金は内部資金及び営業活動による資金にてまかなっており，今後もその方針であります。

当社グループの資金は，資金を安全性及び流動性を勘案して運用しているため，十分資金の流動性は確保されております。

⑤　重要な会計上の見積り及び当該見積りに用いた仮定

当社グループの連結財務諸表は，わが国において一般に公正妥当と認められている会計基準に基づき作成されております。

この連結財務諸表の作成に当たって採用している重要な会計方針は，「第5 経理の状況 1 連結財務諸表等（1）連結財務諸表 注記事項 連結財務諸表作成のための基本となる重要な事項」に記載しております。連結財務諸表の作成に当たって，決算日における資産・負債及び報告期間における収益・費用の報告金額並びに開示に影響を与える見積りを必要とします。これらの見積りについては，過去の実績や状況等を勘案して，合理的と考えられる要因等に基づき行っておりますが，実際の結果は，見積り特有の不確実性のため，これらの見積りと異なる場合があります。

連結財務諸表に与える影響が大きいと考えられる項目・事象は以下の通りです。

1.　退職給付債務及び退職給付費用

当社は従業員の退職給付に係る負債及び費用の計算は，数理計算で設定される前提条件に基づいて原則法により算出しております。これらの前提条件には，割引率，昇給率，退職率，死亡率等が含まれます。これらの仮定と実際の結果との差額は，即時に退職給付に係る負債として認識され，費用に関しては翌連結会計年度で一括費用処理しております。また，連結子会社の退職給付に係る負債の計算は，主に期末自己都合要支給額から計上する簡便法により算出しております。

2. 投資有価証券の減損

市場価格のない株式等については，個々の銘柄の１株当たり簿価純資産額が帳簿価額の50％以上下回っている場合については，当該会社の業績見通し等を斟酌したうえで減損処理の要否を決定しております。

3. 固定資産の減損

固定資産については，「固定資産の減損に係る会計基準」に基づき，減損の要否を検討しております。当社グループは，固定資産の減損に係る回収可能性の評価にあたり，各社資産のグルーピングを行い，収益性が著しく低下した資産グループについては，固定資産の帳簿価額を回収可能価額まで減損し，当該減少額を減損損失として計上することになります。固定資産の回収可能価額については，将来キャッシュ・フロー等の前提条件に基づき算出しているため，当初見込んでいた収益が得られなかった場合や，将来キャッシュ・フロー等の前提条件に変更があった場合，固定資産の減損を実施し，当社グループの業績を悪化させる可能性があります。大阪御堂筋ビルについては，土地や建物などを一つとしてグルーピングし減損の要否を検討しております。2023年３月末時点では期末時価が帳簿価額を超過しており，減損は必要ないと判断しております。

設備の状況

1　設備投資等の概要

当社グループ（当社及び連結子会社）では，製品開発に伴う「開発用のコンピュータ及び関連機器」の購入を中心に社内の情報インフラ整備のために設備投資を毎年安定的に実施しております。当連結会計年度においては，報告セグメントには含まれない全社資産への投資も含め，1,659百万円の設備投資を実施しております。

システムインテグレーション事業においては，主に業務別及び業種別システムの開発環境の構築，営業支援環境強化，システム部門における設計・検収・納品作業の効率化，ならびに情報セキュリティ向上に向けた社内インフラ整備のため786百万円の設備投資を実施しております。

システムサポート事業においては，主力のクラウドソリューションを中心に，ソフトウェア及びハードウェアの「運用支援・保守サービス等」の向上のため，情報管理体制の強化を図るなど865百万円の設備投資を実施しております。

オフィスオートメーション事業においては，インフラ整備などのため7百万円の設備投資を実施しております。

なお，当連結会計年度において重要な設備の除却・売却等はありません。

2 主要な設備の状況

2023年3月31日現在における当社グループ（当社及び連結子会社）の主要な設備は，次のとおりであります。

(1) 提出会社

2023年3月31日現在

事業所名（所在地）	セグメントの名称	帳簿価額				従業員数（人）
		建物及び構築物（百万円）	土地（百万円）［面積㎡］	その他（百万円）	合計（百万円）	
東京本社（東京都中央区）	システムインテグレーション事業及びシステムサポート事業	2,716 (600)	11,774 [1,169.85]	2,594	17,086	1,398
横浜支店（横浜市西区）	システムインテグレーション事業及びシステムサポート事業	8 (70)	―	15	24	36
名古屋支店（名古屋市中村区）	システムインテグレーション事業及びシステムサポート事業	443 (421)	―	112	556	140
京都支店（京都市下京区）	システムインテグレーション事業及びシステムサポート事業	0 (41)	―	6	6	7
大阪本社（大阪市中央区）	システムインテグレーション事業、システムサポート事業及び全社資産	21,260 (51)	15,578 [4,353.09]	258	37,096	253
福岡支店（福岡市博多区）	システムインテグレーション事業及びシステムサポート事業	1 (66)	―	14	15	54
厚生施設他	―	304	284 [28,776.75]	1	589	―

（注）1. 帳簿価額のうち「その他」は，車両運搬具ならびに工具，器具及び備品であります。
2. 主要な賃借として，建物の年間賃借料を「建物及び構築物」の（　）内に外書きで表示しており，その総額は1,254百万円であります。
3. 上記金額には，連結財務諸表上において消去される固定資産の未実現利益金額が含まれております。

(2) 国内子会社

2023年3月31日現在

会社名 (所在地)	セグメントの名称	帳簿価額				従業員数 (人)
		建物及び構築物(百万円)	土地 (百万円) [面積㎡]	その他 (百万円)	合計 (百万円)	
(株)オービックオフィスオートメーション (東京都中央区)	オフィスオートメーション事業	44 (176)	—	6	51	194

(注) 1. 帳簿価額のうち「その他」は，車両運搬具ならびに工具，器具及び備品であります。
2. 主要な賃借として，建物の年間賃借料を「建物及び構築物」の( )内に外書きで表示しております。
3. 上記金額には，連結財務諸表上において消去される固定資産の未実現利益金額が含まれております。

3 設備の新設，除却等の計画

当連結会計年度末現在における重要な設備の新設計画はありません。

提出会社の状況

1 株式等の状況

(1) 株式の総数等

① 株式の総数

種類	発行可能株式総数(株)
普通株式	398,400,000
計	398,400,000

② 発行済株式

種類	事業年度末現在発行数(株) (2023年3月31日)	提出日現在発行数(株) (2023年6月30日)	上場金融商品取引所名又は登録認可金融商品取引業協会名	内容
普通株式	99,600,000	99,600,000	東京証券取引所 (プライム市場)	単元株式数 100株
計	99,600,000	99,600,000	—	—

経理の状況

1　連結財務諸表及び財務諸表の作成方法について

(1)　当社の連結財務諸表は，「連結財務諸表の用語，様式及び作成方法に関する規則」(1976年大蔵省令第28号) に基づいて作成しております。

(2)　当社の財務諸表は，「財務諸表等の用語，様式及び作成方法に関する規則」(1963年大蔵省令第59号。以下「財務諸表等規則」という。) に基づいて作成しております。

また，当社は，特例財務諸表提出会社に該当し，財務諸表等規則第127条の規定により財務諸表を作成しております。

2　監査証明について

当社は，金融商品取引法第193条の2第1項の規定に基づき，連結会計年度(2022年4月1日から2023年3月31日まで)の連結財務諸表及び事業年度(2022年4月1日から2023年3月31日まで) の財務諸表について，EY新日本有限責任監査法人により監査を受けております。

3.　連結財務諸表等の適正性を確保するための特段の取組みについて

当社は，連結財務諸表等の適正性を確保するための特段の取組みを行っております。具体的には，会計基準等の内容を適切に把握し，又は会計基準等の変更等について的確に対応できる体制を整備するため，公益財団法人財務会計基準機構へ加入しております。

1　連結財務諸表等

(1)　連結財務諸表

①　連結貸借対照表

（単位：百万円）

	前連結会計年度 （2022年３月31日）	当連結会計年度 （2023年３月31日）
資産の部		
流動資産		
現金及び預金	122,699	156,321
受取手形	161	68
売掛金	11,277	13,718
契約資産	586	67
商品及び製品	68	103
仕掛品	233	263
原材料及び貯蔵品	7	—
その他	1,118	1,205
貸倒引当金	△1	△2
流動資産合計	136,150	171,746
固定資産		
有形固定資産		
建物及び構築物	31,610	31,889
減価償却累計額	△5,787	△7,124
建物及び構築物（純額）	25,823	24,765
土地	27,636	27,636
その他	6,747	6,891
減価償却累計額	△4,085	△4,014
その他（純額）	2,661	2,876
有形固定資産合計	56,121	55,279
無形固定資産		
その他	154	144
無形固定資産合計	154	144
投資その他の資産		
投資有価証券	※2 118,570	※2 137,226
繰延税金資産	221	251
再評価に係る繰延税金資産	212	212
長期預金	10,658	—
その他	1,840	1,853
貸倒引当金	△2	△5
投資その他の資産合計	131,500	139,538
固定資産合計	187,776	194,962
資産合計	323,927	366,708

（単位：百万円）

	前連結会計年度 (2022年３月31日)	当連結会計年度 (2023年３月31日)
負債の部		
流動負債		
買掛金	3,606	4,186
未払法人税等	8,552	12,941
前受収益	1,194	1,300
賞与引当金	2,372	2,402
役員賞与引当金	129	182
創業者特別功労引当金	360	−
その他	※1 4,851	※1 6,053
流動負債合計	21,066	27,067
固定負債		
退職給付に係る負債	5,942	5,940
資産除去債務	358	398
繰延税金負債	1,210	3,389
その他	※1 1,782	※1 2,047
固定負債合計	9,293	11,776
負債合計	30,359	38,843
純資産の部		
株主資本		
資本金	19,178	19,178
資本剰余金	19,530	19,567
利益剰余金	265,985	295,484
自己株式	△27,562	△27,558
株主資本合計	277,131	306,671
その他の包括利益累計額		
その他有価証券評価差額金	16,877	21,567
土地再評価差額金	※3 △481	※3 △481
退職給付に係る調整累計額	39	106
その他の包括利益累計額合計	16,435	21,192
純資産合計	293,567	327,864
負債純資産合計	323,927	366,708

② 連結損益計算書及び連結包括利益計算書

連結損益計算書

（単位：百万円）

	前連結会計年度 （自 2021年4月1日 至 2022年3月31日）	当連結会計年度 （自 2022年4月1日 至 2023年3月31日）
売上高	※1 89,476	※1 100,167
売上原価	※3 21,518	※3 22,942
売上総利益	67,958	77,224
販売費及び一般管理費	※2 13,822	※2 14,734
営業利益	54,135	62,490
営業外収益		
受取利息	14	70
受取配当金	855	2,271
投資有価証券売却益	3	—
持分法による投資利益	4,141	3,917
受取賃貸料	1,602	1,706
為替差益	657	1,901
その他	300	71
営業外収益合計	7,575	9,939
営業外費用		
投資有価証券評価損	1	3
賃貸費用	1,533	1,505
解約手数料	—	696
その他	1	0
営業外費用合計	1,536	2,205
経常利益	60,174	70,223
特別利益		
固定資産売却益	※4 2	※4 1
関係会社株式売却益	1	—
特別利益合計	4	1
特別損失		
創業者特別功労引当金繰入額	360	—
固定資産売却損	0	—
固定資産除却損	5	0
会員権評価損	19	—
特別損失合計	384	0
税金等調整前当期純利益	59,793	70,225
法人税、住民税及び事業税	15,808	20,458
法人税等調整額	484	△350
法人税等合計	16,293	20,108
当期純利益	43,500	50,116
非支配株主に帰属する当期純利益	—	—
親会社株主に帰属する当期純利益	43,500	50,116

連結包括利益計算書

（単位：百万円）

	前連結会計年度 （自　2021年４月１日 至　2022年３月31日）	当連結会計年度 （自　2022年４月１日 至　2023年３月31日）
当期純利益	43,500	50,116
その他の包括利益		
その他有価証券評価差額金	6,277	5,619
土地再評価差額金	213	―
退職給付に係る調整額	69	43
持分法適用会社に対する持分相当額	445	△905
その他の包括利益合計	※7,006	※4,757
包括利益	50,506	54,874
（内訳）		
親会社株主に係る包括利益	50,506	54,874
非支配株主に係る包括利益	―	―

point 生産及び販売の状況

生産高よりも販売高の金額の方が大きい場合は，作った分よりも売れていることを意味するので，景気が良い，あるいは会社のビジネスがうまくいっていると言えるケースが多い。逆に販売額の方が小さい場合は製品が売れなく，在庫が増えて景気が悪くなっていると言える場合がある。

③ 連結株主資本等変動計算書

前連結会計年度（自　2021年4月1日　至　2022年3月31日）

（単位：百万円）

	株主資本				
	資本金	資本剰余金	利益剰余金	自己株式	株主資本合計
当期首残高	19,178	19,530	240,028	△22,140	256,596
当期変動額					
剰余金の配当			△17,542		△17,542
親会社株主に帰属する当期純利益			43,500		43,500
自己株式の処分					−
自己株式の取得				△5,422	△5,422
株主資本以外の項目の当期変動額（純額）					−
当期変動額合計	−	−	25,957	△5,422	20,534
当期末残高	19,178	19,530	265,985	△27,562	277,131

	その他の包括利益累計額				純資産合計
	その他有価証券評価差額金	土地再評価差額金	退職給付に係る調整累計額	その他の包括利益累計額合計	
当期首残高	10,162	△694	△39	9,428	266,025
当期変動額					
剰余金の配当					△17,542
親会社株主に帰属する当期純利益					43,500
自己株式の処分					−
自己株式の取得					△5,422
株主資本以外の項目の当期変動額（純額）	6,714	213	78	7,006	7,006
当期変動額合計	6,714	213	78	7,006	27,541
当期末残高	16,877	△481	39	16,435	293,567

point 対処すべき課題

有報のなかで最も重要であり注目すべき項目。今，事業のなかで何かしら問題があればそれに対してどんな対策があるのか，上手くいっている部分をどう伸ばしていくのかなどの重要なヒントを得ることができる。また今後の成長に向けた技術開発の方向性や，新規事業の戦略についての理解を深めることができる。

当連結会計年度（自　2022年4月1日　至　2023年3月31日）

（単位：百万円）

	株主資本				
	資本金	資本剰余金	利益剰余金	自己株式	株主資本合計
当期首残高	19,178	19,530	265,985	△27,562	277,131
当期変動額					
剰余金の配当			△20,617		△20,617
親会社株主に帰属する当期純利益			50,116		50,116
自己株式の処分		36		5	42
自己株式の取得				△1	△1
株主資本以外の項目の当期変動額（純額）					−
当期変動額合計	−	36	29,498	4	29,540
当期末残高	19,178	19,567	295,484	△27,558	306,671

	その他の包括利益累計額				純資産合計
	その他有価証券評価差額金	土地再評価差額金	退職給付に係る調整累計額	その他の包括利益累計額合計	
当期首残高	16,877	△481	39	16,435	293,567
当期変動額					
剰余金の配当					△20,617
親会社株主に帰属する当期純利益					50,116
自己株式の処分					42
自己株式の取得					△1
株主資本以外の項目の当期変動額（純額）	4,689		67	4,757	4,757
当期変動額合計	4,689	−	67	4,757	34,297
当期末残高	21,567	△481	106	21,192	327,864

④　連結キャッシュ・フロー計算書

（単位：百万円）

	前連結会計年度 （自　2021年４月１日 至　2022年３月31日）	当連結会計年度 （自　2022年４月１日 至　2023年３月31日）
営業活動によるキャッシュ・フロー		
税金等調整前当期純利益	59, 793	70, 225
減価償却費	2, 429	2, 511
持分法による投資損益（△は益）	△4, 141	△3, 917
投資有価証券売却損益（△は益）	△3	−
役員賞与引当金の増減額（△は減少）	24	53
創業者特別功労引当金の増減額（△は減少）	360	△360
貸倒引当金の増減額（△は減少）	0	4
退職給付に係る負債の増減額（△は減少）	△3	60
受取利息及び受取配当金	△870	△2, 341
売上債権の増減額（△は増加）	△989	△1, 829
棚卸資産の増減額（△は増加）	26	△57
仕入債務の増減額（△は減少）	83	580
未払消費税等の増減額（△は減少）	△2, 177	521
その他	△1, 227	△504
小計	53, 304	64, 943
利息及び配当金の受取額	2, 660	4, 294
法人税等の支払額	△16, 993	△16, 277
営業活動によるキャッシュ・フロー	38, 972	52, 960
投資活動によるキャッシュ・フロー		
定期預金の預入による支出	△10, 000	−
定期預金の払戻による収入	−	11, 865
有形固定資産の取得による支出	△1, 820	△1, 119
有形固定資産の売却による収入	5	2
無形固定資産の取得による支出	△90	△40
投資有価証券の取得による支出	△32, 159	△9, 531
投資有価証券の売却による収入	9	−
関係会社株式の売却による収入	234	−
その他	△231	106
投資活動によるキャッシュ・フロー	△44, 053	1, 282
財務活動によるキャッシュ・フロー		
自己株式の取得による支出	△5, 422	△1
配当金の支払額	△17, 542	△20, 617
財務活動によるキャッシュ・フロー	△22, 965	△20, 619
現金及び現金同等物に係る換算差額	−	△2
現金及び現金同等物の増減額（△は減少）	△28, 046	33, 622
現金及び現金同等物の期首残高	150, 745	122, 699
現金及び現金同等物の期末残高	※ 122, 699	※ 156, 321

point 事業等のリスク

「対処すべき課題」の次に重要な項目。新規参入により長期的に価格競争が激しくなり企業の体力が奪われるようなことがあるため，その事業がどの程度参入障壁が高く安定したビジネスなのかなど考えるきっかけになる。また，規制や法律，訴訟なども企業によっては大きな問題になる可能性があるため，注意深く読む必要がある。

【注記事項】

（継続企業の前提に関する事項）

該当事項はありません。

（連結財務諸表作成のための基本となる重要な事項）

1．連結の範囲に関する事項

以下の子会社1社を連結の範囲に含めております。

連結子会社の名称

（株）オービックオフィスオートメーション

2．持分法の適用に関する事項

以下の関連会社2社を持分法の適用範囲に含めております。

関連会社の名称

（株）オービーシステム

（株）オービックビジネスコンサルタント

3．連結子会社の事業年度等に関する事項

連結子会社の決算日は，すべて連結決算日と一致しております。

4．会計方針に関する事項

（1）　重要な資産の評価基準及び評価方法

イ　有価証券

その他有価証券

市場価格のない株式等以外のもの

時価法（評価差額は全部純資産直入法により処理し，売却原価は移動平均法により算定）を採用しております。

市場価格のない株式等

主として移動平均法による原価法を採用しております。

ロ　棚卸資産

主として個別法による原価法（貸借対照表価額については収益性の低下に基

づく簿価切り下げの方法）

(2)　重要な減価償却資産の減価償却の方法

イ　有形固定資産

定率法

（ただし，1998年4月1日以降に取得した建物（附属設備を除く）並びに2016年4月1日以降に取得した建物付属設備及び構築物については定額法によっております。）

なお，主な耐用年数は次のとおりであります。

建物及び構築物	3～50年
その他	2～20年

ロ　無形固定資産

ソフトウェア（自社利用）については，社内における利用可能期間（5年）に基づく定額法を採用しております。

(3)　重要な引当金の計上基準

イ　貸倒引当金

売上債権，貸付金等の貸倒損失に備えるため，一般債権については貸倒実績率に基づき，貸倒懸念債権等については個別に回収可能性を勘案し，回収不能見込額を計上しております。

ロ　賞与引当金

従業員に対する賞与の支給に充てるため，支給見込額基準に基づき計上しております。

ハ　役員賞与引当金

当社及び連結子会社は役員賞与の支給に備えて，当連結会計年度における支給見込額に基づき計上しております。

(4)　退職給付に係る会計処理の方法

イ　退職給付見込額の期間帰属方法

退職給付債務の算定にあたり，退職給付見込額を当連結会計年度末までの期間に帰属させる方法については，給付算定式基準によっております。

ロ　数理計算上の差異の費用処理方法

数理計算上の差異は，翌連結会計年度に一括して費用処理しております。

ハ　小規模企業等における簡便法の採用

連結子会社は，退職給付に係る負債及び退職給付費用の計算に簡便法を適用しています。

(5)　重要な収益及び費用の計上基準

当社及び連結子会社の顧客との契約から生じる収益に関する主要な事業における主な履行義務の内容及び当該履行義務を充足する通常の時点（収益を認識する通常の時点）は以下のとおりであります。

イ　システムインテグレーション事業

システムインテグレーション事業とは，統合基幹業務システムの製造・販売を行う事業であり，原則として１つのソフトウェア開発プロジェクトを一定の機能を有する成果物の提供であり，かつ，顧客との間で，対価，納品日及び入金条件等についての事前の取り決めがあるいくつかの履行義務に分け，当該履行義務ごとに契約を締結しております。これらは当社作業が進捗していくことに伴い，顧客への引渡し及び検収ができる状態に近づいていくため，見積総原価に対する発生原価の割合で進捗度を測定する方法に基づいて収益を認識しております。ただし，多くは完全に履行義務を充足すると見込まれる時点までの期間がごく短いものに該当し，顧客が検収した時点で契約で合意された仕様に従っていることが確かめられ，完全に履行義務が充足されることから，当該検収時点で収益を認識しております。

ロ　システムサポート事業

システムサポート事業とは，当社が製造・販売した統合基幹業務システムの運用支援，保守等の事業であり，インターネット回線等を使用して当社システムを使用できるサービスの提供や顧客からの運用に対する問合せ，相談，障害対応等を通常，単一の履行義務として認識しております。これらは顧客からの要求に対して迅速に対応ができる体制の維持を含め契約期間にわたってサービスの提供を行っております。従って，契約期間に対して期間の経過に応じて履行義務が充足されると判断し，収益を認識しております。

ハ　オフィスオートメーション事業

オフィスオートメーション事業とは，OA機器一般及びコンピュータサプライ用品の販売を行う事業であり，顧客へ引き渡すことによって，製品の所有に伴う重大なリスク及び経済価値が顧客に移転するため，その時点で製品の支配が顧客に移転し，履行義務が充足されることから，主に引渡し時点で収益を認識しております。一部代理人に該当する取引については，顧客との契約金額から仕入先に支払う金額を排除した純額にて収益を認識しております。また販売したOA機器一般及びコンピュータサプライ用品に対して保守メンテナンスも行っており，顧客からの要求に対して迅速に対応ができる体制の維持を含め契約期間にわたってサービスの提供を行っております。従って，契約期間に対して期間の経過に応じて履行義務が充足されると判断し，収益を認識しております。

(6)　連結キャッシュ・フロー計算書における資金の範囲

手許現金，随時引き出し可能な預金及び容易に換金可能であり，かつ，価値の変動について僅少なリスクしか負わない取得日から3ヶ月以内に償還期限の到来する短期投資からなっております。

2 財務諸表等

(1) 財務諸表

① 貸借対照表

（単位：百万円）

	前事業年度 (2022年３月31日)	当事業年度 (2023年３月31日)
資産の部		
流動資産		
現金及び預金	109,577	141,876
受取手形	113	16
売掛金	※ 10,033	※ 12,006
契約資産	586	67
仕掛品	233	263
原材料及び貯蔵品	7	―
その他	※ 1,034	※ 1,074
貸倒引当金	△1	△1
流動資産合計	121,584	155,303
固定資産		
有形固定資産		
建物	25,640	24,593
土地	27,636	27,636
その他	2,876	3,145
有形固定資産合計	56,154	55,375
無形固定資産		
その他	148	141
無形固定資産合計	148	141
投資その他の資産		
投資有価証券	67,048	84,668
関係会社株式	8,452	8,410
再評価に係る繰延税金資産	212	212
長期預金	10,658	―
その他	1,820	1,833
貸倒引当金	△0	△5
投資その他の資産合計	88,190	95,119
固定資産合計	144,493	150,636
資産合計	266,077	305,940

（単位：百万円）

	前事業年度 (2022年３月31日)	当事業年度 (2023年３月31日)
負債の部		
流動負債		
買掛金	※ 1,232	※ 1,098
未払法人税等	8,222	12,642
前受収益	1,138	1,249
賞与引当金	2,180	2,210
役員賞与引当金	129	182
創業者特別功労引当金	360	－
その他	※ 4,692	※ 5,972
流動負債合計	17,955	23,355
固定負債		
退職給付引当金	5,515	5,555
資産除去債務	348	388
繰延税金負債	1,236	3,396
その他	1,782	2,047
固定負債合計	8,882	11,388
負債合計	26,837	34,743
純資産の部		
株主資本		
資本金	19,178	19,178
資本剰余金		
資本準備金	19,413	19,413
その他資本剰余金	116	153
資本剰余金合計	19,530	19,567
利益剰余金		
利益準備金	461	461
その他利益剰余金		
別途積立金	177,000	198,000
繰越利益剰余金	39,655	44,956
利益剰余金合計	217,117	243,418
自己株式	△27,562	△27,558
株主資本合計	228,263	254,605
評価・換算差額等		
その他有価証券評価差額金	11,457	17,072
土地再評価差額金	△481	△481
評価・換算差額等合計	10,976	16,590
純資産合計	239,240	271,196
負債純資産合計	266,077	305,940

② 損益計算書

（単位：百万円）

	前事業年度 （自 2021年4月1日 至 2022年3月31日）	当事業年度 （自 2022年4月1日 至 2023年3月31日）
売上高		
システムインテグレーション売上高	40,242	44,470
システムサポート売上高	42,374	48,873
売上高合計	※1 82,616	※1 93,344
売上原価		
システムインテグレーション売上原価	11,930	12,899
システムサポート売上原価	6,480	7,010
売上原価合計	※1 18,410	※1 19,910
売上総利益	64,206	73,433
販売費及び一般管理費	※1,※2 11,818	※1,※2 12,708
営業利益	52,387	60,725
営業外収益		
受取利息及び受取配当金	※1 2,669	※1 4,283
投資有価証券売却益	3	—
受取賃貸料	1,628	1,732
為替差益	657	1,901
その他	※1 301	※1 89
営業外収益合計	5,260	8,007
営業外費用		
賃貸費用	1,548	1,519
解約手数料	—	696
投資有価証券評価損	1	3
その他	0	0
営業外費用合計	1,550	2,219
経常利益	56,097	66,512
特別利益		
関係会社株式売却益	※1 182	—
その他	0	1
特別利益合計	182	1
特別損失		
創業者特別功労引当金繰入額	360	—
その他	20	0
特別損失合計	380	0
税引前当期純利益	55,900	66,513
法人税、住民税及び事業税	15,271	19,912
法人税等調整額	489	△317
法人税等合計	15,761	19,595
当期純利益	40,138	46,918

システムインテグレーション売上原価明細書

区分	注記番号	前事業年度 (自　2021年4月1日 至　2022年3月31日) 金額（百万円）		構成比 (%)	当事業年度 (自　2022年4月1日 至　2023年3月31日) 金額（百万円）		構成比 (%)
Ⅰ　材料機器原価							
(1) 期首材料機器棚卸高		0			7		
(2) 当期材料機器仕入高		1,855			1,312		
合計		1,855			1,320		
(3) 期末材料機器棚卸高		7			－		
(4) 他勘定振替	※1	486	1,362	11.4	0	1,320	10.2
Ⅱ　労務費	※2		8,938	74.9		9,690	74.9
Ⅲ　外注費			79	0.7		87	0.7
Ⅳ　経費	※3		1,550	13.0		1,832	14.2
当期総製造費用			11,930	100.0		12,929	100.0
期首仕掛品棚卸高			232			233	
合計			12,163			13,163	
期末仕掛品棚卸高			233			263	
当期システムインテグレーション売上原価			11,930			12,899	

原価計算の方法

当社の原価計算の方法は，プロジェクト別の個別原価計算であります。

(脚注)

前事業年度 (自　2021年4月1日 至　2022年3月31日)		当事業年度 (自　2022年4月1日 至　2023年3月31日)	
※1．他勘定振替の内訳は、次の通りであります。		※1．他勘定振替の内訳は、次の通りであります。	
工具、器具及び備品へ振替	466百万円	工具、器具及び備品へ振替	－百万円
システムサポート売上原価への振替高	1百万円	システムサポート売上原価への振替高	0百万円
その他	18百万円	その他	－百万円
計	486百万円	計	0百万円
※2．労務費の主な内訳は、次の通りであります。		※2．労務費の主な内訳は、次の通りであります。	
給料及び手当	6,229百万円	給料及び手当	6,920百万円
法定福利費	1,072百万円	法定福利費	1,140百万円
賞与引当金繰入額	1,162百万円	賞与引当金繰入額	1,186百万円
退職給付費用	268百万円	退職給付費用	221百万円
※3．経費の主な内訳は、次の通りであります。		※3．経費の主な内訳は、次の通りであります。	
減価償却費	561百万円	減価償却費	619百万円
賃借料	335百万円	賃借料	406百万円

システムサポート売上原価明細書

区分	注記番号	前事業年度 （自　2021年４月１日 至　2022年３月31日） 金額（百万円）	構成比 （%）	当事業年度 （自　2022年４月１日 至　2023年３月31日） 金額（百万円）	構成比 （%）
Ⅰ　労務費	※１	1,775	27.4	1,727	24.7
Ⅱ　外注費		3,375	52.1	3,731	53.2
Ⅲ　経費	※２	1,328	20.5	1,550	22.1
合計		6,479	100.0	7,010	100.0
他勘定振替	※３	1		0	
当期システムサポート売上原価		6,480		7,010	

（脚注）

前事業年度 （自　2021年４月１日 至　2022年３月31日）	当事業年度 （自　2022年４月１日 至　2023年３月31日）
※１．労務費の主な内訳は、次の通りであります。 給料及び手当　1,237百万円 法定福利費　212百万円 賞与引当金繰入額　230百万円 退職給付費用　53百万円	※１．労務費の主な内訳は、次の通りであります。 給料及び手当　1,234百万円 法定福利費　203百万円 賞与引当金繰入額　211百万円 退職給付費用　39百万円
※２．経費の主な内訳は、次の通りであります。 減価償却費　480百万円 賃借料　287百万円	※２．経費の主な内訳は、次の通りであります。 減価償却費　524百万円 賃借料　344百万円
※３．他勘定振替の内訳は、次の通りであります。 材料機器原価 システムインテグレーション売上原価からの振替高　1百万円	※３．他勘定振替の内訳は、次の通りであります。 材料機器原価 システムインテグレーション売上原価からの振替高　0百万円

③ 株主資本等変動計算書

前事業年度（自　2021年4月1日　至　2022年3月31日）

（単位：百万円）

	株主資本							
	資本金	資本剰余金		利益剰余金			自己株式	株主資本合計
		資本準備金	その他資本剰余金	利益準備金	その他利益剰余金			
					別途積立金	繰越利益剰余金		
当期首残高	19,178	19,413	116	461	158,500	35,559	△22,140	211,090
当期変動額								
剰余金の配当						△17,542		△17,542
別途積立金の積立					18,500	△18,500		－
当期純利益						40,138		40,138
自己株式の処分								－
自己株式の取得							△5,422	△5,422
株主資本以外の項目の当期変動額（純額）								－
当期変動額合計	－	－	－	－	18,500	4,096	△5,422	17,173
当期末残高	19,178	19,413	116	461	177,000	39,655	△27,562	228,263

	評価・換算差額等			純資産合計
	その他有価証券評価差額金	土地再評価差額金	評価・換算差額等合計	
当期首残高	5,180	△694	4,485	215,575
当期変動額				
剰余金の配当				△17,542
別途積立金の積立				－
当期純利益				40,138
自己株式の処分				－
自己株式の取得				△5,422
株主資本以外の項目の当期変動額（純額）	6,277	213	6,490	6,490
当期変動額合計	6,277	213	6,490	23,664
当期末残高	11,457	△481	10,976	239,240

当事業年度（自　2022年4月1日　至　2023年3月31日）

（単位：百万円）

	株主資本							
	資本金	資本剰余金		利益剰余金			自己株式	株主資本合計
		資本準備金	その他資本剰余金	利益準備金	その他利益剰余金			
					別途積立金	繰越利益剰余金		
当期首残高	19,178	19,413	116	461	177,000	39,655	△27,562	228,263
当期変動額								
剰余金の配当						△20,617		△20,617
別途積立金の積立					21,000	△21,000		－
当期純利益						46,918		46,918
自己株式の処分			36				5	42
自己株式の取得							△1	△1
株主資本以外の項目の当期変動額（純額）								－
当期変動額合計	－	－	36	－	21,000	5,300	4	26,342
当期末残高	19,178	19,413	153	461	198,000	44,956	△27,558	254,605

	評価・換算差額等			純資産合計
	その他有価証券評価差額金	土地再評価差額金	評価・換算差額等合計	
当期首残高	11,457	△481	10,976	239,240
当期変動額				
剰余金の配当				△20,617
別途積立金の積立				－
当期純利益				46,918
自己株式の処分				42
自己株式の取得				△1
株主資本以外の項目の当期変動額（純額）	5,614		5,614	5,614
当期変動額合計	5,614	－	5,614	31,956
当期末残高	17,072	△481	16,590	271,196

【注記事項】

（重要な会計方針）

1．資産の評価基準及び評価方法

（1）　有価証券の評価基準及び評価方法

①　子会社株式及び関連会社株式

移動平均法による原価法

②　その他有価証券

市場価格のない株式等以外のもの

時価法

（評価差額は全部純資産直入法により処理し，売却原価は移動平均法により算定）

市場価格のない株式等

主として移動平均法による原価法

（2）　棚卸資産の評価基準及び評価方法

①　原材料及び貯蔵品

個別法による原価法（貸借対照表価額については収益性の低下に基づく簿価切り下げの方法）

②　仕掛品

個別法による原価法（貸借対照表価額については収益性の低下に基づく簿価切り下げの方法）

2．固定資産の減価償却の方法

（1）　有形固定資産

定率法

（ただし，1998年4月1日以降に取得した建物（附属設備を除く）並びに2016年4月1日以降に取得した建物付属設備及び構築物については定額法によっております。）

なお，主な耐用年数は次のとおりであります。

建物　　3～50年
その他　2～35年

(2) 無形固定資産

ソフトウェア（自社利用）については，社内における利用可能期間（5年）に基づく定額法を採用しております。

3. 引当金の計上基準

(1) 貸倒引当金

売上債権，貸付金等の貸倒損失に備えるため，一般債権については貸倒実績率に基づき，貸倒懸念債権等については個別に回収可能性を勘案し，回収不能見込額を計上しております。

(2) 賞与引当金

従業員に対する賞与の支給に充てるため，支給見込額基準に基づき計上しております。

(3) 役員賞与引当金

役員賞与の支給に備えて，当事業年度における支給見込額に基づき計上しております。

(4) 退職給付引当金

従業員の退職給付に備えるため，当事業年度末における退職給付債務の見込額を計上しております。

数理計算上の差異は，翌事業年度に一括して費用処理することとしております。

4. 収益及び費用の計上基準

当社の顧客との契約から生じる収益に関する主要な事業における主な履行義務の内容及び当該履行義務を充足する通常の時点（収益を認識する通常の時点）は

以下のとおりであります。

(1) システムインテグレーション事業

システムインテグレーション事業とは，統合基幹業務システムの製造・販売を行う事業であり，原則として1つのソフトウェア開発プロジェクトを一定の機能を有する成果物の提供であり，かつ，顧客との間で，対価，納品日及び入金条件等についての事前の取り決めがあるいくつかの履行義務に分け，当該履行義務ごとに契約を締結しております。これらは当社作業が進捗していくことに伴い，顧客への引渡し及び検収ができる状態に近づいていくため，見積総原価に対する発生原価の割合で進捗度を測定する方法に基づいて収益を認識しております。ただし，多くは完全に履行義務を充足すると見込まれる時点までの期間がごく短いものに該当し，顧客が検収した時点で契約で合意された仕様に従っていることが確かめられ，完全に履行義務が充足されることから，当該検収時点で収益を認識しております。

(2) システムサポート事業

システムサポート事業とは，当社が製造・販売した統合基幹業務システムの運用支援，保守等の事業であり，インターネット回線等を使用して当社システムを使用できるサービスの提供や顧客からの運用に対する問合せ，相談，障害対応等を通常，単一の履行義務として認識しております。これらは顧客からの要求に対して迅速に対応ができる体制の維持を含め契約期間にわたってサービスの提供を行っております。従って，契約期間に対して期間の経過に応じて履行義務が充足されると判断し，収益を認識しております。

5. その他財務諸表作成のための基本となる重要な事項

(1) 退職給付に係る会計処理

退職給付に係る未認識数理計算上の差異の会計処理方法は，連結財務諸表におけるこれらの会計処理の方法と異なっております。

第2章

情報通信・IT業界の“今”を知ろう

企業の募集情報は手に入れた。しかし，それだけではまだ不十分。企業単位ではなく，業界全体を俯瞰する視点は，面接などでもよく問われる重要ポイントだ。この章では直近1年間の運輸業界を象徴する重大ニュースをまとめるとともに，今後の展望について言及している。また，章末には運輸業界における有名企業（一部抜粋）のリストも記載してあるので，今後の就職活動の参考にしてほしい。

▶▶人をつなぐ，世界をつなぐ

情報通信・IT 業界の動向

「情報通信・IT」は，情報通信や情報技術に関わる業界である。時代は「パソコン」から，スマートフォン，タブレット端末といった「モバイル」へとシフトしている。

❖ IT情報サービスの動向

情報技術（IT)の適用範囲は，さまざまな企業や職種，そして個人へと加速度的に広がっている。2022年の国内IT市場規模は，前年比3.3％増の6兆734億円となった。ITサービス事業者の業務にリモートワークが定着し，停滞していた商談やプロジェクト，サービス提供が回復したことが要因と見られる。

引き続きスマートフォンが市場を牽引しているが，今後，海外市場での需要の高まりなどを背景に，設備投資を拡大する組立製造，電力自由化において競争力強化を行う電力/ガス事業，eコマース（EC）がSNSを中心とした新たなチャネルへ移行している情報サービスなどで，高い成長率が期待される。

また，クラウド化やテレワーク対応などのデジタルトランスフォーメーション（DX）需要がコロナ禍において急増，コロナ後も需要は継続している。

●グローバルな再編が進むIT企業

新しいツールを駆使したビジネスにおいて，進化の早い技術に対応し，標準的なプラットフォームを構築するためにも，グローバル化は避けて通れない道である。2016年，世界第3位のコンピューターメーカーの米Dellが，ストレージ（外部記憶装置）最大手のEMCを約8兆円で買収した。この巨大買収によって誕生した新生Dellは，仮想化ソフト，情報セキュリティ，クラウド管理サービスなど事業領域を大幅に拡大する。国内企業では，システム構築で業界トップのNTTデータが，2016年3月にDellのITサービス部門を買収した。買収額は約3500億円で，NTTグループでは過去3番目の大型買収である。NTTデータは，2000年代後半から国内市場の成長鈍化を見据えて，欧米を中心にM＆Aを展開してきた。過去12年間で約6000億円を投じ，50社以上を買収したことで，2006年3月期に95億円だった海外売上高は2018年3月期には9080億となっている。同期の全売上高は2兆1171億円で，半分近くを海外での売上が占めている。また，NTTグループは2016年から，産業ロボット大手のファナックとも協業を開始している。ファナックは，製造業のIoT（Internet of Things＝すべてのもののインターネット化）を実現するためのシステム開発を進めており，この運用開始に向けて，ビジネスの拡大をともに目指している。

ソフトバンクグループもまた，2016年に約3.3兆円で，英半導体設計大手のARMを買収した。日本企業による海外企業買収では，過去最大の規模となる。ARMは，組み込み機器やスマートフォン向けCPUの設計で豊富な実績を持つ企業であり，この買収の狙いも「IoT」にある。あらゆるものをインターネットに接続するためには，携帯電話がスマホになったように，モノ自体をコンピューター化する必要がある。近い将来，IoTが普及すれば，ARM系のCPUがあらゆるものに搭載される可能性につながっていく。

●IoT，ビッグデータ，AI ―― デジタル変革の波

IT企業のグローバル化とともに，近年注目を集めているのが「デジタルトランスフォーメーション（デジタル変革）」である。あらゆる情報がIoTで集積され，ビッグデータやAI（人工知能）を駆使して新たな需要を見出し，それに応える革新的なビジネスモデルが次々と登場している。

2022年から2023年にかけて話題をさらったのは，米オープンAI社による「チャットGPT」だった。AIによる自然で高度な会話に大きな注目が集まった。米マイクロソフトは2023年1月にオープンAIへの1兆円規模の追加融資を発表。チャットGPTを組み込んだ検索や文章作成などの新サービスを次々と発表した。

生成AIは従来のAIに比べて性能が飛躍的に向上。前出の文章作成に加え，プログラミングやAIアートなど，その用途は多岐にわたる。今後は生成AIを活用した業務・サービス改善にも注目が集まる。

●サービスのトレンドは，シェアリングエコノミー

シェアリングエコノミーとは，インターネットを通じて個人や企業が保有

している使っていない資産の貸し出しを仲介するサービスのこと。たとえば，自動車を複数人で利用する（ライドシェア），空き家や駐車場，オフィスを有効活用する（スペースシェア）などがある。

米国のウーバーが提供しているのは「自動車を利用したい人」と「自動車を所有していて空き時間のある人」をマッチングする配車・カーシェアリングサービス。サービスはアプリに集約されており，GPSで利用者の位置情報を把握して，配車する。車の到着時間といった情報もスマートフォンを通して的確に伝えられる。ウーバーには，2017年にソフトバンクが出資しており，2018年10月にはソフトバンクとトヨタ自動車が新しいモビリティサービスの構築に向けた提携で合意，新会社も設立した。国内のライドシェアサービスには，オリックス自動車や三井不動産レアルティなど，駐車場やレンタカー事業を運営していた大手企業も参入している。

スペースシェアとしては，家の有効活用として，民泊サービスで有名なエアービー・アンド・ビーがある。このほかにも，駐車場のシェアサービスが，パーク24といった駐車場大手企業も参加して始まっている。また，フリマアプリの「メルカリ」やヤフーオークションも，不要物の再活用という意味でモノのシェアといえる。モノをシェア/再活用するニーズは，若者を中心に広がっており，小売大手の丸井グループがブランドバッグのシェアサービス「Laxus」と事業提携するなど，今後，成長が期待できる分野といえる。

❖ 通信サービスの動向

携帯通信業界は，自前の回線を有するNTTドコモ，KDDI（au），ソフトバンクの3社（キャリア）を中心に伸びてきた。総務省によれば，日本の携帯電話の契約数は2022年3月の時点で2億302万件となっている。スマホの普及により，高齢者や10代の利用者が増加しており，市場としては，引き続き右肩上がりの成長となっている。しかし，その一方で，たとえばソフトバンク全体の事業において，国内の固定・携帯電話で構成される国内通信事業の売上高は，すでに4割を割っている。NTTグループでも，NTTデータとNTT都市開発の売上高が，全体の2割にまで伸びており，ITサービスカンパニーとして軸足を海外事業に移している。KDDIもまた，住友商事と共にモンゴルやミャンマーで携帯事業に参入してトップシェアを獲得するなど，海外進出を拡大させている。国内の通信事業は成熟期を迎えており，今後，契約件数の伸びが期待できないなか，大手3社は新たな収益の実現に向けて，事業領域を拡大する段階に入っている。

●楽天モバイル「0円プラン」廃止で競争激化

総務省は，2016年よりNTTドコモ，KDDI（au），ソフトバンクの携帯大手に対して，高止まりしているサービス料金の引き下げを目的に，スマートフォンの「実質0円販売」の禁止など，さまざまな指導を行ってきた。2019年10月施行の改正電気通信事業法では，通信契約を条件とする2万円以上の端末値引きが禁じられるとともに，途中解約への違約金上限も大幅に下げられた。

なかでも有効な政策となっているのが，格安スマホ業者（MVNO）への支援である。MVNOは，通信インフラを持つ大手3社の回線を借りて，通信や通話サービスを提供する事業者のこと。総務省の後押しなどもあり，MVNOの事業者数は2019年3月の時点で1000社を超えた。また，利用者も着実に増えており，調査会社MM総研によると，格安スマホの契約回線数は，2020年3月末には1500万件を超えた。

モバイル市場全体に占める割合を順調に伸ばしてきたMVNOだが，ここにきてやや苦戦が見られる。大手キャリアが投入する格安プランの好調により，割安感の低下が響いたことが原因に挙げられる。話題となった「0円プラン」が廃止となり，顧客離れの影響を大きく受けた楽天モバイルは，KDDI回線のデータ使用量を無制限にした「Rakuten 最強プラン」を2023年6月に開始したが，巻き返しには至っていない。

●IoTへの対応を見据えた5G

技術面で注目を集めているのが，2020年に商用化された次世代通信規格の5Gである。5Gは，現行の4Gに比べ，大容量，同時多接続，低遅延・高信頼性，省電力・低コストといった特徴がある。IoTの普及に必須のインフラ技術とされており，これまでの通信規格に求められてきたものに加え，将来期待されるさまざまなサービスへの対応も求められている。低遅延化・高信頼性については，たとえば，自動車の自動運転のような安全・確実性が求められるサービスにおいては必須の要件となる。また，同時多接続は，今後，携帯電話だけでなく，IoTで接続される機器の爆発的な増加が予想されることから，4Gの100倍の接続数が求められている。

キャリア各社はすでに，コンテンツサービスの拡充，ロボットの遠隔操作，自動運転などの実証実験を進めている。MVNOに対して，スマートフォン向け回線サービスは提供されたとしても，すべてのサービスが対象となるかは不透明といえる。5Gの普及によって，キャリアの携帯ゆえに享受できるサービスが大きく進化すれば，料金の安さでMVNOを選択している利用者の判断にも影響が出る可能性もある。

❖ eコマース（EC）市場の動向

インターネットを通じて商品やサービスを売買する「eコマース」（EC）は順調に拡大しており，経済産業省の発表では，2021年の消費者向け（BtoC）電子商取引の市場規模は20兆6950億円となった。

市場を牽引してきたのは，楽天とアマゾン，そして，YahooやZOZOを傘下に抱えるZホールディングスである。楽天やZホールディングスは企業や個人の出品者に売り場を提供する「モール型」，アマゾンは自社で商品を仕入れる「直販型」が主流だったが，近年はアマゾンも「モール型」のビジネスを取り入れている。また，会費制の「アマゾン プライム」では，映画や音楽の無料視聴，写真データの保存など，多くのサービスを展開している。2017年4月からは生鮮食品を扱う「アマゾン フレッシュ」を開始，ネットスーパー業界にも進出した。楽天は米ウォルマートと業務提携し，ネットスーパーを開始するほか，朝日火災海上保険（楽天損害保険）や仮想通貨交換業のみんなのビットコインを買収するなど，通販以外の分野にも投資を続けている。Zホールディングスは21年3月には LINEを経営統合。両者の顧客基盤を掛け合わせた新たなサービスを模索し，国内首位を目指している。

コロナ禍の巣篭もり特需で，3社とも売上を大きく伸ばした。利用習慣の定着化により，中小企業や個人の販売も拡大している。

●フリマアプリの躍進と越境ECの伸長

フリマアプリでは「メルカリ」が国内で強さを誇る。メルカリは，個人間（CtoC）による物品売買を行うスマホアプリとして，2013年7月に国内サービスを開始した。誰でも簡単にスマホで売りたいものを撮影して，マーケットプレイスに出品できる手軽さと，個人情報を知られずに取引を完了できるといったきめ細かいサービスが爆発的人気の背景にある。しかし，新型コロナウイルスによる巣ごもり特需が終了し，EC市場に逆風が吹いたこともあり，やや伸び悩みが見られる。2022年の6月期決算では売上高は1470億円と前年比38.6％増となったが，営業利益はマイナス37億と赤字決算になってしまった。

「越境EC」といわれる海外向けのネット通販も，市場を拡大している。中国ではモバイル端末の普及が進み，中国インターネット情報センター（CNNIC）の発表では2020年6月時点でネット利用者は9億人とされている。2019年の中国国内EC売上高は約204兆円に達し，越境ECも10兆円を超えている。2014年に，中国最大のECサイト・アリババが海外業者向けの「天猫国際」を開設した。現在，メーカーから流通，小売まで，多くの日本企業が出店し，大きな成果を上げている。にサービスを開始し，2016年，2017年には中国における越境ECのトップシェアを獲得している。同社は，2017年には日本支社も設立，認知拡大，商品の仕入れ活動を本格化させている。経済産業省によると，2017年度の中国人による越境ECを通じた日本からの購入金額は1兆2978億円だった。日本の事業者にとって，越境ECの利用は，海外に直接出店するリスクがなく，マーケットは広がり，初期投資を抑えながら海外進出を狙えるメリットがある。

ニュースで見る

情報通信・IT業界

直近の業界各社の関連ニュースを
ななめ読みしておこう。

Google、生成AIで企業需要開拓　Microsoftに対抗

米グーグルが文章や画像を自動で作る生成AI（人工知能）で企業需要の開拓に本腰を入れる。生成AIを組み込んだサービスを開発するための基盤を整え、コストを左右する半導体の自社開発も強化する。企業向けで先行する米マイクロソフトに対抗し、早期の投資回収につなげる。

グーグルのクラウドコンピューティング部門で最高経営責任者（CEO）を務めるトーマス・クリアン氏が日本経済新聞の取材に応じた。同氏は「経済が不安定で一部の企業がIT（情報技術）投資を減速させる一方、AIを使って業務を自動化するプロジェクトが増えてきた」と述べた。

同社はクラウド部門を通じて企業に生成AI関連のサービスを提供する。クリアン氏はサービス開発に使う大規模言語モデルなどの種類を増やし、企業が目的に応じて選べるようにすることが重要だと指摘した。自社開発に加え外部からも調達する方針で、米メタや米新興企業のアンソロピックと連携する。

半導体の調達や開発も強化する。AI向けの画像処理半導体（GPU）を得意とする米エヌビディアとの関係を強め、同社の最新モデル「GH200」を採用する。一方、自社開発も強化し、学習の効率を従来の２倍に高めた「TPU」の提供を始めた。クリアン氏は人材採用などにより開発体制をさらに強化する考えを示した。

グーグルは生成AIを使った米ハンバーガーチェーン大手、ウェンディーズの受注システムの開発を支援したほか、米ゼネラル・モーターズ（GM）と車載情報システムへの対話AIの組み込みで協力している。企業による利用を増やすため、「成果を上げやすいプロジェクトを一緒に選定し、コストなどの効果を測定しやすくする」（クリアン氏）としている。

大手企業に加えて、伸び代が大きい新興企業の取り込みにも力を入れる。クリアン氏は生成AI分野のユニコーン企業の70%、外部から資金提供を受けたAI

新興企業の50%が自社の顧客であると説明した。グーグルのサービスを使うと学習や推論の効率を2倍に高められるといい、「資金の制約が大きい新興勢の支持を受けている」と説明した。
生成AIの企業向けの提供では米オープンAIと資本・業務提携し、同社の技術を利用するマイクロソフトが先行した。同社のサティア・ナデラCEOは4月、「すでにクラウド経由で2500社が利用し、1年前の10倍に増えた」と説明している。グーグルも企業のニーズにきめ細かく応えることで追い上げる。
生成AIの開発と利用に欠かせない高性能のGPUは奪い合いとなっており、価格上昇も著しい。この分野で世界で約8割のシェアを握るエヌビディアの2023年5～7月期決算は売上高が前年同期比2倍、純利益が9倍に拡大した。
生成AI開発企業にとっては先行投資の負担が高まる一方で、株式市場では「投資回収の道筋が明確ではない」といった声もある。グーグルやマイクロソフトなどのIT大手にも早期の収益化を求める圧力が強まっており、安定した取引が見込める企業需要の開拓が課題となっている。
各社が生成AIの投資回収の手段として位置付けるクラウド分野では、世界シェア首位の米アマゾン・ドット・コムをマイクロソフトが追い上げている。グーグルは3番手が定着しているが、クリアン氏は「（生成AIで業界構図が）変わる。将来を楽観している」と述べた。長年にわたって世界のAI研究をリードしてきた強みを生かし、存在感を高める考えだ。

（2023年9月3日　日本経済新聞）

Apple、日本拠点40周年　アプリ経済圏460億ドルに

米アップルは8日、アプリ配信サービス「アップストア」経由で提供された日本の商品やサービスの売上高が2022年に計460億ドル（約6兆5500億円）にのぼったと発表した。今年6月に拠点設立から丸40年を迎えた日本で、アップルの存在感は大きい。一方で規制強化の動きなど逆風もある。
ティム・クック最高経営責任者（CEO）は「我々は日本のものづくりの匠（たくみ）の技とデザインが持つ付加価値などについて話し合っている。記念すべき40周年を共に祝えて誇りに思う」とコメントを出した。日本の「アプリ経済圏」の460億ドルのうち、小規模な開発業者の売り上げは20～22年に32%増えたという。
1976年に故スティーブ・ジョブズ氏らが創業したアップル。7年後の83年6

月に日本法人を設けた。それまでは東レなどがパソコン「アップル2」の販売代理店を担い、日本法人の立ち上げ後も一時はキヤノン系が販売を請け負った。2003年には海外初の直営店を東京・銀座に開店し、今は福岡市や京都市などに10店舗を構える。

もともとジョブズ氏は禅宗に通じ、京都を好むなど日本に明るいことで知られた。ソニーを尊敬し、創業者の盛田昭夫氏が死去した1999年のイベントでは盛田氏の写真をスクリーンに映して「新製品を彼に喜んでほしい」と追悼の意を表した。

01年に携帯音楽プレーヤー「iPod」を発売すると、「ウォークマン」やCDの規格で主導していたソニーから音楽業界の主役の座を奪った。日本の家電メーカーにとっては驚異的な存在だったとも言える。

アップルから見ると、日本は製造・販売両面で重要拠点だ。主力スマートフォン「iPhone」で国内の電子部品市場は拡大し、1000社近い巨大なサプライチェーン（供給網）を築いた。「アプリ関連やサプライヤーで100万人を超える日本の雇用を支えている。過去5年間で日本のサプライヤーに1000億ドル以上を支出した」と説明する。

販売面では一人勝ち状態が続く。調査会社MM総研（東京・港）によると、22年のスマホの国内シェアはアップルが約49%と半分に迫り、携帯電話シェアで12年から11年連続で首位に立つ。タブレットのシェアも約50%、スマートウオッチも約60%にのぼる。

「爆発的に普及するとは全く思わなかった」。ジョブズ氏と縁のあった孫正義氏が率いていたソフトバンクが「iPhone3G」を独占販売する際、他の通信大手幹部は「冷ややかな目で見ていた」と振り返る。だが、iPhone人気でソフトバンクは新規顧客を集め、通信業界の勢力図を塗り替えた。11年にはKDDI、13年にNTTドコモが追随し、後に政府から批判される値引き競争や複雑な料金プランにつながっていく。

日本の存在感の大きさはアップルの決算発表にも表れる。資料では毎回、米州、欧州、中華圏、日本、その他アジア太平洋地域という5つの地域別売上高を開示する。単体の国として分けているのは日本だけで、米テクノロジー大手では珍しい。

最近は陰りも見える。足元の日本の売上高は前年同期比11%減で、売上高全体における比率は6%にとどまった。円安や値引き販売の抑制などが理由だが、アップル関係者からは「製造も販売も我々は既にインドを見ている」という声も上がる。

アプリ経済圏の先行きも不透明だ。政府のデジタル市場競争会議は6月、他社が運営する代替アプリストアをアップルが受け入れるよう義務付けるべきだと指摘した。販売減少や規制強化といった逆風を越えられるか――。次の40年に向けた新たな施策が求められる。

（2023年8月8日　日本経済新聞）

初任給、建設・ITで大幅増　若手確保に企業奔走

初任給を大幅に引き上げる企業が相次いでいる。2023年度の初任給伸び率ランキングをみると建設や運輸業界、情報ソフト、通信業界での引き上げが目立つ。新型コロナウイルス禍から経済活動が正常化に進む中、若手確保に動く企業が多いようだ。

日本経済新聞社が実施した23年度の採用計画調査をもとに大卒初任給の前年度比伸び率ランキングを作成。調査は4月4日までに主要企業2308社から回答を得た。

首位は商業施設の設計・施工などを手掛けるラックランドで30.7％増の26万6600円だった。初任給の引き上げは16年ぶりだ。加えて入社4年目まで基本給を底上げするベースアップ（ベア）を毎年3％実施する。施工管理者から営業、設計、メンテナンスまで幅広い人材獲得を目指す。

背景にあるのが年々増す採用の厳しさだ。人事担当者は「22年度は内定辞退が増え採用目標数を割った」と言う。引き上げ後の初任給は全業界平均22万8471円を大きく上回った。6月に解禁した24年卒の採用活動では社長面談の時期を早めるなど学生の獲得策を強化しており、「内定承諾のペースは昨年と比べると速い」という。

石油精製・販売の三愛オブリも大卒初任給を24.9％引き上げ26万円とした。同社は23年度に手当の一部を基本給に組み入れる賃金制度の改定で全社員の基本給が大幅増となった。空港の給油施設運営などを手掛けるなかで空港内作業者の初任給も同水準で引き上げており「採用に弾みをつけたい」とする。

航海士など特殊な技術や知識を要する人材も奪い合いだ。業種別の初任給伸び率ランキングで首位だった海運は業界全体で6.7％増と大幅に伸ばした。なかでもNSユナイテッド海運は大卒初任給で21.1％増の26万3700円。2年連続で初任給を引き上げた。

ゲームなどを含む情報ソフトや金融関連、通信業界なども初任給引き上げが顕

著だ。IT（情報技術）エンジニア確保が目的だ。実際、企業ランキング2位はスクウェア・エニックス・ホールディングス。全社員の給与も平均10%引き上げており、「物価高騰に加え新たに優秀な人材の獲得強化を見込む」とする。実はゲーム業界に初任給引き上げドミノが起きている。バンダイナムコエンターテインメントは22年度に大卒初任給を前年度比25%上げて29万円とした。カプコンなども22年度に実施。23年度にはスクウェア・エニックスに加え任天堂が1割増の25万6000円とした。中堅ゲーム会社幹部は「（優秀な人材の）つなぎ留めのために賃上げをしないと、他社に流出してしまう」と危機感を隠さない。

金融も初任給の引き上げが目立った。三井住友銀行は初任給を16年ぶりに引き上げ、大卒で24.4%増の25万5000円とした。スマホ金融などの強化に必要なデジタル人材はあらゆる業界で奪い合いになっている。

三井住友銀に続き、みずほフィナンシャルグループは24年に5万5000円、三菱UFJ銀行も同年に5万円、それぞれ初任給を引き上げることを決めている。ネット専業銀行や地方銀行も相次ぎ初任給引き上げに走っている。

一方、初任給の伸びが低かったのが鉄鋼業界。前年比ほぼ横ばいだった。初任給は春季労使交渉で決まる場合が多く、鉄鋼大手は効率化などを目的に交渉を2年に1度としている。23年は労使交渉がなかったことが影響したとみられる。

倉庫・運輸関連は前年比0.9%増、水産や自動車・部品が1%増となった。例年に比べれば高い賃上げ率だが、各業界とも初任給の全体平均額を下回っている。

過去にも人手不足感が高まると、初任給を引き上げる傾向が強まった。しかし23年は企業の焦りが感じられる。初任給伸び率が2.2%増となり、10年以降で最大の伸び率となっているのだ。24年度以降の持続性もカギとなりそうだ。

法政大学の山田久教授は「全体の賃金上昇傾向が続くかは経済の情勢次第で不透明感が残るが、初任給引き上げ競争は今後も続くだろう」とみる。少子高齢化で若年労働人口が減る中、企業はIT人材から現場労働者まで若手の採用力強化が必須となっている。　　　　　（2023年6月18日　日本経済新聞）

NVIDIAとTSMC、生成AIに専用半導体　年内投入へ

半導体設計大手の米エヌビディアと半導体受託生産首位の台湾積体電路製造（TSMC）が、生成AI向けの専用半導体を年内に投入する。AIが回答を導き出

す過程の速度を前世代品に比べて最大12倍にする。半導体は「新型コロナウイルス特需」の反動で市況が悪化するなか、米台の2強が次の成長分野でリードを固める。
「(AI向け半導体の)需要は非常に強い。サプライチェーン(供給網)のパートナーとともに増産を急いでいる」
エヌビディアのジェンスン・ファン最高経営責任者(CEO)は30日、台北市内で記者会見し、生成AI向け市場の成長性を強調した。台湾出身のファン氏は同日開幕したIT(情報技術)見本市「台北国際電脳展」(コンピューテックス台北)に合わせて訪台した。
エヌビディアはAI分野で広く使われる画像処理半導体(GPU)を手掛け、AI向け半導体で世界シェア8割を握る。「Chat(チャット)GPT」に代表される対話型の生成AIの急速な進化を受け、AIのデータ処理に特化した専用半導体を年内に投入する。
エヌビディアが設計した半導体をTSMCが量産する。AIが質問への回答を導き出す「推論」のスピードを前世代品に比べて最大12倍に速める。
生成AIサービスの多くは、データセンターのサーバー上で開発・運用されている。GPUは膨大なデータをAIに学ばせて回答の精度を上げていく「学習」と、利用者から質問などを受けてAIが答えを導く「推論」の両方に使われる。
特にエヌビディアのGPUは「(AI用途への)最適化が進んでおり、大きな先行者優位がある」(台湾調査会社トレンドフォースの曾伯楷アナリスト)。
チャットGPTを開発した米新興オープンAIは、サービス開発に約1万個のGPUを用いているとされる。トレンドフォースは技術の高度化に伴い、今後は一つのサービスを開発・運用するのに3万個以上のGPUが必要になると予測する。
ゲームや動画編集に使われる一般的なGPUは市販価格が1個10万円以下のものもあるが、AI向け高性能GPUは100万円を優に超える。需要が伸びれば市場全体へのインパクトも大きい。
独調査会社スタティスタは、生成AIがけん引するAI向け半導体の市場規模が、2028年に21年比で12倍の1278億ドル(約18兆円)に急拡大すると予測する。半導体市場全体が22年時点で80兆円規模だったのと比べても存在感は大きい。
エヌビディアを支えるのは、半導体の量産技術で世界トップを走るTSMCだ。新たに投入する生成AI向け半導体を含め、AI向け高性能GPUを独占的に生産する。

両社の関係は1990年代半ばに遡る。創業間もないエヌビディアは、生産委託先の確保に苦しんでいた。台湾出身のファンCEOが頼ったのは当時、半導体受託生産で躍進しつつあったTSMC創業者の張忠謀（モリス・チャン）氏だった。

張氏が電話で直接交渉に応じ、両社の取引がスタートしたという。以後30年近くにわたり、TSMCはゲームからパソコン、AI向けに至る幅広い製品を供給してきた。

近年はAI向け半導体の性能向上の鍵を握る「パッケージング技術」の開発で関係を深めている。異なる機能を持つ複数の半導体を一つのパッケージに収め、効率よく連動させる技術だ。

エヌビディアは2010年代中盤にいち早く同技術をGPUに採用。量産技術を開発するTSMCと二人三脚で、性能向上を実現してきた。

生成AI向け半導体の開発競争は激化が見込まれる。米グーグルや米アマゾン・ドット・コムといったIT大手が、独自に半導体の設計に乗り出している。両社ともエヌビディアの大口顧客だが、自前の半導体開発によってサービスの差別化やコスト低減を狙う。

そのIT大手も半導体の生産は外部委託に頼らざるを得ない。エヌビディアとTSMCの緊密な関係は、今後の競争で有利に働く可能性がある。

20年～22年前半にかけて好調が続いた世界の半導体市場は、足元で厳しい状況にある。コロナ特需の反動でパソコンやスマホ、ゲーム機などの販売が落ち込み、全体的な市況の回復は24年になるとの見方が強い。TSMCは23年12月期通期に前の期比で減収（米ドルベース）を見込む。

生成AIはスマホなどに代わる半導体市場のけん引役となることが期待される。TSMCの魏哲家CEOは4月中旬の記者会見で「AI向けの需要は強く、業績成長の原動力となる」と強調した。

ファン氏も30日の記者会見で「我々は間違いなく、生成AIの新時代の始まりにいる」と述べ、業界が大きな成長局面に入りつつあると指摘した。生成AIの進化を支える製品を供給できるかが、市場全体の成長を左右する。

（2023年5月30日　日本経済新聞）

5G網整備へ技術者争奪　携帯電話大手4社、14％増員

高速通信網を整備する技術者の争奪が激しい。携帯大手4社は2022年3月

末に技術者を前年同期比14％増やした。転職者の平均年収も新型コロナウイルス禍のときと比較して2割上昇した。足元ではIT（情報技術）・通信エンジニアの転職求人倍率は全体を大きく上回っている。
高速通信規格「5G」の利用区域を広げるため需要は高まる。通信基盤を支える人材の不足が続けば日本のデジタル化に響きかねない。
総務省の調査によると、携帯大手4社の無線従事者や保守などの技術者数は22年3月末時点で計3万5400人だった。
企業ごとに定義の異なる部分はあるものの、前年同期比の伸び率は楽天モバイルが最大の34％増の3500人。次いでソフトバンクが28％増の1万800人、NTTドコモが7％増の1万2100人、KDDIが5％増の8800人と続いた。
5Gの通信速度は4Gの最大100倍で遅延したときの影響は10分の1に低下するとされる。スマートシティーや自動運転、工場機器の遠隔制御などに生かせば、新たなビジネスにつながる。
30年ごろには次世代の6Gへの移行が始まる見込みだが、技術革新とともに複雑なネットワーク構築を求められる。
ソフトバンクの担当者は「災害対策に加えて、5G基地局の整備のために技術者を増やしている」と説明する。KDDIも基地局の保守・運用に関わる技術者の需要は引き続き大きいとみる。
新型コロナで社会のデジタル化の要請が高まり、通信業界の技術者不足は厳しさを増す。KDDIなどで大規模な通信障害が相次いだことも通信網の重要性を意識させた。
人材サービス大手のエン・ジャパンによると、エンジニアが転職した際の22年の平均年収は新型コロナで底となった20年比19％増の519万円だった。
同社で通信業界を担当する星野玲氏は「通信業界は人材獲得が難しい。売り手市場で適正水準を上回る年収を示す事例が多い」と話す。従来は700万円程度が上限だったが、いまは900万円ほどに上がっているという。
携帯大手が求めるネットワーク技術者の22年の求人数は20年より45％増えた。パーソルキャリアの転職サービスのdoda（デューダ）によると、足元の23年2月のIT・通信エンジニアの転職求人倍率は10.19倍で、全体の2.15倍を上回った。
問題はこうした需要をまかなうだけの人材がいないことだ。経済産業省は30年に国内で最大79万人のIT人材が不足すると予測する。
政府は電力・ガス、道路、鉄道などのインフラ点検で規制を緩和し、ドローンや人工知能（AI）の導入を促す。通信でも保守・運用を自動化すれば余剰人員を競争分野に振り向けることができる。
稲田修一早大教授は「通信業界は他分野に比べて省人化が進んでいるとは言えない」として改善が不可欠だと指摘する。
総務省によると、5Gの全国人口カバー率は22年3月末時点で93%とまだ行き渡っていない。新型コロナで露呈したデジタル化の遅れを取り戻すためにも、5G網づくりを急ぐ必要がある。

（2023年4月19日　日本経済新聞）

IT業界特化のSNSアプリ　HonneWorks

企業の平均年収をまとめたウェブサイトを運営するHonneWorks（ホンネワークス、神奈川県茅ケ崎市）は、IT（情報技術）業界で働く会社員向けに特化したSNS（交流サイト）アプリの提供を始める。利用者は匿名で参加できるが、ホンネワークスが職場のメールアドレスから勤務先を確認する点が特徴。信頼度の高い情報の交換につなげ、転職希望者に役立ててもらう。事業拡大に備え、ベンチャーキャピタル（VC）のゼロイチキャピタルなどからJ-KISS型新株予約権方式で約3000万円を調達した。

（2023年3月7日　日本経済新聞）

ITエンジニア、転職年収2割増　製造業や金融で引き合い

IT（情報技術）エンジニアについて、製造業や金融など非IT系の事業会社に転職した際の年収の上昇が目立つ。2022年までの2年間で2割上がり、エンジニア全体の平均を上回った。デジタルトランスフォーメーション（DX）化などを背景に、社内のシステム構築などの業務が増えた。IT業界以外の企業は、社内にITに詳しい人材が少ない。即戦力となる経験者を中心に高い年収を提示し獲得を急いでいる。
東京都在住の30代男性は、22年12月にITシステムの開発企業から鋼材系メーカーの社内システムエンジニア（SE）に転職した。自社のITインフラの整備をしている。転職で年収は50万円ほど上がった。
以前はクライアント先のシステム開発を担当していた。自社のシステムは利用者からの反応なども確認しやすく、やりがいを感じるという。

人材サービス大手のエン・ジャパンによると、同社の運営する人材紹介サービス「エン エージェント」を通じて決まったITエンジニアの転職のうち、非IT企業の初年度年収（転職決定時、中央値）は22年が516万円。ITエンジニア全体（511万円）を上回る。

上昇率も同様だ。非IT企業は新型コロナウイルスの感染が広がった20年に比べ95万円（22.6%）高い。ITエンジニア全体（21.4%）に比べ、伸びの勢いが目立つ。

背景にあるのが新型コロナ禍を契機とした、IT人材の不足だ。パーソルキャリア（東京・千代田）の転職サービスのdoda（デューダ）のまとめでは、22年12月のIT・通信エンジニアの中途採用求人倍率は12.09倍。全体（2.54倍）を大きく上回った。経済産業省は30年に日本で最大79万人のIT人材が不足すると予測する。

新型コロナの感染拡大で非IT系業種も含め、ビジネス現場のデジタル化が加速した。リモートでの就業環境を整えるだけでなく、経営の中にデジタル化をどう位置づけ推進するのかといった課題が生まれた。

既存システムの安定稼働やメンテナンスといったコロナ禍前からの業務に加え、リモート化や各種セキュリティー強化に取り組む人材が必要になった。

経営管理の観点からは、中長期のIT戦略投資の立案や社内の人材育成も求められるようになった。5年以上のIT実務の経験者や、経営を視野に入れITプロジェクトを進められるミドル層の需要が高まった。特に非IT系業種はこうした人材資源がIT企業に比べ薄く、中途採用を活用せざるを得ない。

dodaによると、22年10～12月期のITエンジニアの新規求人のうち、年収が700万円以上の件数は35%だった。19年同期の19%から16ポイント増えた。大浦征也doda編集長は「事業会社は経験者を採用できなければ競合に後れを取るとの意識がある」としたうえで「採用基準を下げるのではなく、賃金を引き上げてでも人材を獲得しようという動きが強まった」とみる。

中途採用をいかしデジタル関連業務の内製化を進めることで、コストの削減も期待できる。クレディセゾンは19年にITエンジニアの中途採用を始め、20年以降も即戦力となる30～40代を中心に獲得を進める。同社は「内製した案件の開発コストは外部依頼の場合と比べ、21～22年度の累計で約6割削減できる見通し」と説明する。

（2023年2月8日　日本経済新聞）

現職者・退職者が語る 情報通信・IT業界の口コミ

※編集部に寄せられた情報を基に作成

▶労働環境

職種：代理店営業　　年齢・性別：20代後半・男性

- 以前は年功序列の風潮でしたが，今は実力主義になってきています。
- 会社への利益貢献ができ，上司の目に留まれば出世は早いでしょう。
- 自己PRが上手で，失敗・成功に関わらず原因分析できることが重要。
- 上司の目に留まらなければ，芽が出ないまま転職する人も。

職種：システムエンジニア　　年齢・性別：20代後半・男性

- 転勤が本当に多く，それは女性も例外ではありません。
- 入社時に「総合職は転勤があるが大丈夫か？」と確認されます。
- 3～7年で異動になりますが，その都度転勤の可能性があります。
- 家庭を持っている人や家を持っている人は単身赴任になることも。

職種：法人営業　　年齢・性別：30代前半・男性

- 残業は月に20時間程度で，ワークライフバランスがとりやすいです。
- 休日出勤はほとんどなく，1年に数回あるかどうかです。
- 有給休暇はしっかりと取れるので，休暇の計画は立てやすいです。
- 子どもの各種行事に積極的に参加している人も周りに多くいます。

職種：営業アシスタント　　年齢・性別：20代前半・女性

- 全体的にかなり風通しの良い職場です。
- 飲み会や遊びの計画が多く，社員同士の仲はとても良いです。
- 社員の年齢層は比較的若めで，イベント好きな人が多い印象です。
- 東京本社の場合，ワンフロアになっており全体が見渡せる作りです。

▶福利厚生

職種：代理店営業　　年齢・性別：20代後半・男性

・独身のうちは社宅（寮）に入ることができます。
・社宅は多少年数が経っていますが，きれいな物が多いです。
・家賃もかなり安くて，住宅補助についてはかなり満足できます。
・住宅補助以外にも，保養施設や通勤補助は非常に充実しています。

職種：法人営業　　年齢・性別：20代前半・男性

・多くの企業のスポンサーのため，各種チケットをもらえたりします。
・某有名遊園地の割引券も手に入ります。
・住居手当，育児休暇など福利厚生全般はかなり充実しています。
・通常の健康診断以外にも人間ドックを無料で受けることができます。

職種：マーケティング　　年齢・性別：20代後半・男性

・各種福利厚生は充実しており，なかでも住宅補助は手厚いです。
・社宅は借り上げで月１～２万円で，家賃10万以上の物件に住めます。
・社宅住まいの場合，年収に換算すると年100万弱の手当となります。
・健康診断・人間ドック，フィットネスなども利用できます。

職種：ネットワーク設計・構築　　年齢・性別：30代後半・男性

・福利厚生は充実しており，有給休暇は２年目から年20日もらえます。
・夏季休暇は５日，年末年始は６日の休暇が付与されます。
・労働組合が強いため，サービス残業はなく，残業代は全額出ます。
・残業時間は，職場にもよりますが，月20～30時間程度かと思います。

仕事のやりがい

職種：営業マネージャー　　年齢・性別：40代後半・男性

- 大規模な通信インフラの構築や保守に力を入れています。
- 通信業界の技術進歩は目覚ましいものがあり，夢があります。
- 数年後にどんなサービスができるか予想できない面白さがあります。
- 人々の日常生活に欠かせないものに携われるやりがいがあります。

職種：販促企画・営業企画　　年齢・性別：20代後半・男性

- 企画部門では若手でもやりがいのある大きな仕事を任されます。
- 関わる部門や担当が多岐にわたる場合，調整が大変なことも。
- 事務系社員は2～3年毎にジョブローテーションがあります。
- 常に自身のキャリアパスをしっかり考えておくことが重要です。

職種：法人営業　　年齢・性別：30代前半・男性

- やった分だけ成果としてあらわれるところが面白いです。
- チームプレイの難しさはありますが，勉強になることが多いです。
- 自分個人で考える部分とチームで動くところのバランスが大切。
- お客様に革新的な製品を常に提案できるのは素晴らしいと思います。

職種：経営企画　　年齢・性別：20代前半・男性

- 良くも悪くも完全に社長トップダウンの会社です。
- 会社の成長度に関しては日本随一だと思います。
- 日々学ぶことが多く，熱意をもって取り組めば得るものは大きいです。
- 驚くぐらい優秀な人に出会えることがあり，非常に刺激になります。

ブラック？ホワイト？

職種：ネットワークエンジニア　　年齢・性別：30代後半・男性

・会社全体のコミュニケーションが弱く，情報共有がされにくいです。
・会社のどこの部署が何を行っているかわかりません。
・分野が違う情報は同期などのツテを頼って芋づる式に探す有様です。
・製品不具合情報等の横展開もほとんどなく，非常に効率が悪いです。

職種：代理店営業　　年齢・性別：20代後半・男性

・殿様商売と世間では言われていますが，まさにその通り。
・過去の遺産を食いつぶしているような経営方針で不安になります。
・消費者の声はほぼ届かず，上からの声だけ受け入れている感じです。
・40代後半の上層部はかなりの保守派で，時代の流れに抗っています。

職種：プロジェクトリーダー　　年齢・性別：30代前半・男性

・裁量労働制なので，残業代はありません。
・みなし労働時間は，月35時間残業相当の専門職手当が支払われますが，その範囲で業務が収まるわけがなく，長時間の残業が発生します。
・残業前提のプロジェクト計画で黒字を目論む企業体質は健在です。

職種：システムエンジニア　　年齢・性別：20代後半・男性

・裁量労働制が導入されてからは残業が常態化しています。
・定時で帰ろうものなら「あれ？　何か用事？」と言われます。
・以前は45時間以上残業する際は申請が必要なほどでしたが，裁量労働制導入後は残業が75時間を越えても何も言われません。

▶女性の働きやすさ

職種：代理店営業　　年齢・性別：30代前半・男性

・女性の労働環境がかなり整っている会社だと思います。
・出産時に一旦休み，復帰してくるケースは多いです。
・復帰後も時間短縮勤務ができるため，退職する女性は少ないです。
・会社側は女性の活用について，今後も更に取り組んでいくようです。

職種：システムエンジニア　　年齢・性別：20代前半・男性

・住宅手当など，既婚者が働きやすい環境づくりに力を入れています。
・産休・育休など社内の既婚者はほとんど活用されているようですが，実力主義という点はどうしてもあるので覚悟は必要です。
・産休・育休で仕事ができなくなる人は，部署移動や給与にも影響。

職種：社内SE　　年齢・性別：20代後半・女性

・産休，育休を使う人も多く，女性にはとても良い環境だと思います。
・外部講師を招き，女性の環境向上のためのセミナーなどもあります。
・会社として女性の待遇にとても力を入れているのを感じます。
・年配の上司によっては，差別的な見方の方もまだ若干いますが。

職種：システムエンジニア　　年齢・性別：20代後半・女性

・課長，部長，統括部長，事業部長に，それぞれ女性が就いています。
・育児休暇制度が整っていて，復帰して働く女性が年々増えています。
・時短勤務になるため男性に比べて出世は遅くなるようです。
・子育てをしながら管理職に昇進できる環境は整っています。

今後の展望

職種：営業　　年齢・性別：30代前半・男性

- 国内市場は飽和状態のため，海外へ行くしかないと思いますが，経営陣に難があるためグローバル進出は難しいかもしれません。
- アジアを中心に市場開拓していますが，先行きは不透明です。
- 金融事業は好調のため，引き続き当社の主軸となるでしょう。

職種：サービス企画　　年齢・性別：20代後半・男性

- 事業規模が非常に大きく，現在は非常に安定しています。
- 国内に閉じた事業内容なので，今後の伸びしろは微妙かと。
- 海外進出の計画もあるようですが，目立った動きはまだありません。
- 業種的にグローバル展開の意義はあまりないのかもしれません。

職種：新規事業・事業開発　　年齢・性別：20代後半・男性

- 携帯事業以外の新規事業を模索している段階です。
- OTTプレーヤーと言われる企業に勝るサービスの創出に難航中。
- 今までの成功体験や仕事のやり方からの脱却がカギだと思います。
- グローバル化にも程遠く，海外志向の人にはオススメできません。

職種：営業　　年齢・性別：20代後半・男性

- 安定した収益基盤があり，しばらくは安定して推移すると思います。
- 通信をベースに，周辺の事業領域が拡大する余地もあると思います。
- 今後は海外展開（特にアジア圏）を積極的に進めていくようです。
- 日本市場が今後縮小していく中，海外展開は大きなカギになります。

情報通信・IT 業界　国内企業リスト（一部抜粋）

会社名	本社住所
NEC ネッツエスアイ株式会社	文京区後楽 2-6-1 飯田橋ファーストタワー
株式会社システナ	東京都港区海岸 1 丁目 2 番 20 号 汐留ビルディング 14F
デジタルアーツ株式会社	東京都千代田区大手町 1-5-1 大手町ファーストスクエア ウエストタワー 14F
新日鉄住金ソリューションズ 株式会社	東京都中央区新川二丁目 20-15
株式会社コア	東京都世田谷区三軒茶屋一丁目 22 番 3 号
株式会社ソフトクリエイト ホールディングス	東京都渋谷区渋谷 2 丁目 15 番 1 号 渋谷クロスタワー
IT ホールディングス株式会社	東京都新宿区西新宿 8-17-1 住友不動産新宿グランドタワー 21F（総合受付 14F）
ネオス株式会社	東京都千代田区神田須田町 1-23-1 住友不動産神田ビル 2 号館 10F
株式会社電算システム	岐阜県岐阜市日置江 1 丁目 58 番地
グリー株式会社	東京都港区六本木 6-10-1 六本木ヒルズ森タワー
コーエーテクモ ホールディングス株式会社	神奈川県横浜市港北区箕輪町 1 丁目 18 番 12 号
株式会社三菱総合研究所	東京都千代田区永田町二丁目 10 番 3 号
株式会社ボルテージ	東京都渋谷区恵比寿 4-20-3　恵比寿ガーデンプレイスタワー 28 階
株式会社 電算	長野県長野市鶴賀七瀬中町 276-6
株式会社 ヒト・コミュニケーションズ	東京都豊島区東池袋 1-9-6
株式会社ブレインパッド	東京都港区白金台 3-2-10 白金台ビル
KLab 株式会社	東京都港区六本木 6-10-1 六本木ヒルズ森タワー
ポールトゥウィン・ピットクルー ホールディングス株式会社	東京都新宿区西新宿 2-4-1　新宿 NS ビル 11F
株式会社イーブック イニシアティブジャパン	東京都千代田区神田駿河台 2-9 KDX 御茶ノ水ビル 7F
株式会社　ネクソン	東京都中央区新川二丁目 3 番 1 号
株式会社アイスタイル	東京都港区赤坂 1-12-32 号 アーク森ビル 34 階
株式会社 エムアップ	東京都渋谷区渋谷 2-12-19 東建インターナショナルビル本館 5 階

会社名	本社住所
株式会社エイチーム	名古屋市西区牛島町6番1号 名古屋ルーセントタワー 36F
株式会社ブロードリーフ	東京都品川区東品川4-13-14 グラスキューブ品川8F
株式会社ハーツユナイテッド グループ	東京都港区六本木六丁目10番1号 六本木ヒルズ森タワー 34階
株式会社ドワンゴ	東京都中央区銀座4-12-15 歌舞伎座タワー
株式会社ベリサーブ	東京都新宿区西新宿6-24-1 西新宿三井ビル14階
株式会社マクロミル	東京都港区港南2-16-1 品川イーストワンタワー 11F
株式会社ティーガイア	東京都渋谷区恵比寿4-1-18
株式会社豆蔵ホールディングス	東京都新宿区西新宿2-1-1 新宿三井ビルディング34階
テクマトリックス株式会社	東京都港区高輪4丁目10番8号 京急第7ビル
GMOペイメントゲートウェイ 株式会社	東京都渋谷区道玄坂1-14-6 渋谷ヒューマックスビル（受付7階）
株式会社ザッパラス	東京都渋谷区渋谷2丁目12番19号 東建インターナショナルビル
株式会社インターネット イニシアティブ	東京都千代田区神田神保町1-105 神保町三井ビルディング
株式会社ビットアイル	東京都品川区東品川2-5-5 HarborOneビル5F
株式会社SRAホールディングス	東京都豊島区南池袋2-32-8
株式会社朝日ネット	東京都中央区銀座4-12-15 歌舞伎座タワー 21階
パナソニック インフォメーション システムズ株式会社	大阪府大阪市北区茶屋町19番19号
株式会社フェイス	京都市中京区烏丸通御池下る虎屋町566-1 井門明治安田生命ビル
株式会社野村総合研究所	東京都千代田区丸の内1-6-5　丸の内北口ビル
サイバネットシステム株式会社	東京都千代田区神田練塀町3番地 富士ソフトビル
株式会社インテージ ホールディングス	東京都千代田区神田練塀町3番地 インテージ秋葉原ビル
ソースネクスト株式会社	東京都港区虎ノ門3-8-21　虎ノ門33森ビル6階
株式会社クレスコ	東京都港区港南2-15-1 品川インターシティA棟25階～27階
株式会社フジ・メディア・ ホールディングス	東京都港区台場二丁目4番8号
株式会社 オービック	東京都中央区京橋2丁目4番15号

会社名	本社住所
TDC ソフトウェア エンジニアリング株式会社	東京都渋谷区代々木 3-22-7 新宿文化クイントビル
ヤフー株式会社	東京都港区赤坂 9-7-1 ミッドタウン・タワー
トレンドマイクロ株式会社	東京都渋谷区代々木 2-1-1　新宿マインズタワー
日本オラクル株式会社	東京都港区北青山 2-5-8
株式会社アルファシステムズ	川崎市中原区上小田中 6 丁目 6 番 1 号
フューチャーアーキテクト 株式会社	東京都品川区大崎 1-2-2 アートヴィレッジ大崎セントラルタワー
株式会社シーエーシー	東京都中央区日本橋箱崎町 24 番 1 号
ソフトバンク・テクノロジー 株式会社	東京都新宿区西五軒町 13-1　飯田橋ビル 3 号館
株式会社トーセ	京都市下京区東洞院通四条下ル
株式会社オービックビジネス コンサルタント	東京都新宿区西新宿六丁目 8 番 1 号 住友不動産新宿オークタワー 32F
伊藤忠テクノソリューションズ 株式会社	東京都千代田区霞が関 3-2-5　霞が関ビル
株式会社アイティフォー	東京都千代田区一番町 21 番地 一番町東急ビル
株式会社 東計電算	神奈川県川崎市中原区市ノ坪 150
株式会社　エックスネット	東京都新宿区荒木町 13 番地 4　住友不動産四谷ビル 4 階
株式会社大塚商会	東京都千代田区飯田橋 2-18-4
サイボウズ株式会社	東京都文京区後楽 1-4-14 後楽森ビル 12F
ソフトブレーン株式会社	東京都中央区八重洲 2-3-1 住友信託銀行八重洲ビル 9 階
株式会社アグレックス	東京都新宿区西新宿 2 丁目 6 番 1 号 新宿住友ビル
株式会社電通国際情報サービス	東京都港区港南 2-17-1
株式会社 EM システムズ	大阪市淀川区宮原 1 丁目 6 番 1 号 新大阪ブリックビル
株式会社ウェザーニューズ	千葉県千葉市美浜区中瀬 1-3 幕張テクノガーデン
株式会社 CIJ	神奈川県横浜市西区平沼 1-2-24　横浜 NT ビル
ネットワンシステムズ株式会社	東京都千代田区丸の内二丁目 7 番 2 号　JP タワー
株式会社アルゴグラフィックス	東京都中央区日本橋箱崎町 5-14 アルゴ日本橋ビル
ソフトバンク株式会社	東京都港区東新橋 1-9-1

第3章

就職活動のはじめかた

入りたい会社は決まった。しかし「就職活動とはそもそも何をしていいのかわからない」「どんな流れで進むかわからない」という声は意外と多い。ここでは就職活動の一般的な流れや内容，対策について解説していく。

▶就職活動のスケジュール

3月　4月　6月

就職活動スタート

2025年卒の就活スケジュールは，経団連と政府を中心に議論され，2024年卒の採用選考スケジュールから概ね変更なしとされている。

エントリー受付・提出

OB・OG訪問

企業の説明会には積極的に参加しよう。自の企業研究だけでは見えてこなかったな情報を得る機会であるとともに，モベーションアップにもつながる。また，説会に参加した者だけに配布する資料などある。

合同企業説明会　個別企業説明会

筆記試験・面接試験等始まる（3月～）

内々定（大手企業

2月末までにやっておきたいこと

就職活動が本格化する前に，以下のことに取り組んでおこう。

◎自己分析　◎インターンシップ　◎筆記試験対策

◎業界研究・企業研究　◎学内就職ガイダンス

自分が本当にやりたいことはなにか，自分の能力を最大限に活かせる会社はどこか。自己分析と企業研究を重ね，それを文章などにして明確にしておき，面接時に最大限に活用できるようにしておこう。

※このスケジュール表は一般的なものです。本年(2019年度)の採用スケジュール表ではありませんので，ご注意ください。

	8月	10月

中小企業採用本格化

定者の数が採用予定数に満たい企業，1年を通して採用を継している企業，夏休み以降に採活動を実施企業（後期採用）は用活動を継続して行っている。企業でも後期採用を行っているともあるので，企業から内定がても，納得がいかなければ継続て就職活動を行うこともある。

中小企業の採用が本格化するのは大手企業より少し遅いこの時期から。HPなどで採用情報をつかむとともに，企業研究も怠らないようにしよう。

内々定とは10月1日以前に通知（電話等）されるもの。内定に関しては現在協定があり，10月1日以降に文書等にて通知される。

内々定(中小企業)

内定式(10月〜)

どんな人物が求められる?

多くの企業は，常識やコミュニケーション能力があり，社会のできごとに高い関心を持っている人物を求めている。これは「会社の一員として将来の企業発展に寄与してくれるか」という視点に基づく，もっとも普遍的な選考基準だ。もちろん，「自社の志望を真剣に考えているか」「自社の製品，サービスにどれだけの関心を向けているか」という熱意の部分も重要な要素になる。

理論編

就活ロールプレイ！

理論編

STEP 1 就職活動のスタート

内定までの道のりは，大きく分けると以下のようになる。

自己分析

↓

企業研究

↓

エントリーシート・筆記試験・面接

↓

内定

01 まず自己分析からスタート

就職活動とは，「企業に自分をPRすること」。自分自身の興味，価値観に加えて，強み・能力という要素が加わって，初めて企業側に「自分が働いたら，こういうポイントで貢献できる」と自分自身を売り込むことができるようになる。

■自分の来た道を振り返る

自己分析をするための第一歩は，「振り返ってみる」こと。

小学校，中学校など自分のいた“場”ごとに何をしたか（部活動など），何を学んだか，交友関係はどうだったか，興味のあったこと，覚えている印象的なことを書き出してみよう。

■テストを受けてみる

“自分では気がついていない能力”を客観的に検査してもらうことで，自分に向いている職種が見えてくる。下記の5種類が代表的なものだ。

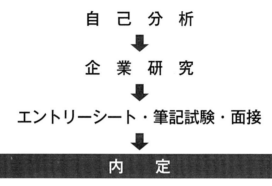

①職業適性検査　②知能検査　③性格検査

④職業興味検査　⑤創造性検査

■先輩や専門家に相談してみる

就職活動をするうえでは，“いかに他人に自分のことをわかってもらうか”が重要なポイント。他者の視点で自分を分析してもらうことで，より客観的な視点で自己PRができるようになる。

自己分析の流れ

❏過去の経験を書いてみる

❏現在の自己イメージを明確にする…行動，考え方，好きなものなど。

❏他人から見た自分を明確にする

❏将来の自分を明確にしてみる…どのような生活をおくっていたいか。期待，夢，願望。なりたい自分はどういうものか，掘り下げて考える。→自己分析結果を，志望動機につなげていく。

理論編 STEP 2

企業の情報を収集する

01 企業の絞り込み

志望企業の絞り込みについての考え方は大きく分けて2つある。

第1は，同一業種の中で1次候補，2次候補……と絞り込んでいく方法。

第2は，業種を1次，2次，3次候補と変えながら，それぞれに2社程度ずつ絞り込んでいく方法。

第1の方法では，志望する同一業種の中で，一流企業，中堅企業，中小企業，縁故などがある歯止めの会社……というふうに絞り込んでいく。

第2の方法では，自分が最も望んでいる業種，将来好きになれそうな業種，発展性のある業種，安定性のある業種，現在好況な業種……というふうに区別して，それぞれに適当な会社を絞り込んでいく。

02 情報の収集場所

・キャリアセンター

・新聞

・インターネット

・企業情報

『就職四季報』（東洋経済新報社刊），『日経会社情報』（日本経済新聞社刊）などの企業情報。この種の資料は本来“株式市場”についての資料だが，その時期の景気動向を含めた情報を仕入れることができる。

・経済雑誌

『ダイヤモンド』（ダイヤモンド社刊）や『東洋経済』（東洋経済新報社刊），『エコノミスト』（毎日新聞出版刊）など。

・OB・OG／社会人

03 志望企業をチェック

①成長力

まず“売上高”。次に資本力の問題や利益率などの比率。いくら資本金があっても，それを上回る膨大な借金を抱えていて，いくら稼いでも利払いに追われまくるようでは，成長できないし，安定できない。

成長力を見るには自己資本率を割り出してみる。自己資本を総資本で割って100を掛けると自己資本率がパーセントで出てくる。自己資本の比率が高いほうが成長力もあり安定度も高い。

利益率は純利益を売上高で割って100を掛ける。利益率が高ければ，企業はどんどん成長するし，社員の待遇も上昇する。利益率が低いということは，仕事がどんなに忙しくても利益にはつながらないということになる。

②技術力

技術力は，短期的な見方と長期的な展望が必要になってくる。研究部門が適切な規模か，大学など企業外の研究部門との連絡があるか，先端技術の分野で開発を続けているかどうかなど。

③経営者と経営形態

会社が将来，どのような発展をするか，または衰退するかは経営者の経営哲学，経営方針によるところが大きい。社長の経歴を知ることも必要。創始者の息子，孫といった親族が社長をしているのか，サラリーマン社長か，官庁などからの天下りかということも大切なチェックポイント。

④社風

社風というのは先輩社員から後輩社員に伝えられ，教えられるもの。社風もいろいろな面から必ずチェックしよう。

⑤安定性

企業が成長しているか，安定しているかということは車の両輪。どちらか片方の回転が遅くなっても企業はバランスを失う。安定し，しかも成長する。これが企業として最も理想とするところ。

⑥待遇

初任給だけを考えてみても，それが手取りなのか，基本給なのか。基本給というのはボーナスから退職金，定期昇給の金額にまで響いてくる。また，待遇というのは給与ばかりではなく，福利厚生施設でも大きな差が出てくる。

■そのほかの会社比較の基準

1. ゆとり度

休暇制度は，企業によって独自のものを設定しているところもある。「長期休暇制度」といったものなどの制定状況と，また実際に取得できているかどうかも調べたい。

2. 独身寮や住宅設備

最近では，社宅は廃止し，住宅手当を多く出すという流れもある。寮や社宅についての福利厚生は調べておく。

3. オフィス環境

会社に根づいた慣習や社員に対する考え方が，意外にオフィスの設備やレイアウトに表れている場合がある。

たとえば，個人の専有スペースの広さや区切り方，パソコンなどOA機器の設置状況，上司と部下の机の配置など，会社によってずいぶん違うもの。玄関ロビーや受付の様子を観察するだけでも，会社ごとのカラーや特徴がどこかに見えてくる。

4. 勤務地

転勤はイヤ，どうしても特定の地域で生活していきたい。そんな声に応えて，最近は流通業などを中心に，勤務地限定の雇用制度を取り入れる企業も増えている。

column 初任給では分からない本当の給与

会社の給与水準には「初任給」「平均給与」「平均ボーナス」「モデル給与」など，判断材料となるいくつかのデータがある。これらのデータからその会社の給料の優劣を判断するのは非常に難しい。

たとえば中小企業の中には，初任給が飛び抜けて高い会社がときどきある。しかしその後の昇給率は大きくないのがほとんど。

一方，大手企業の初任給は業種間や企業間の差が小さく，ほとんど横並びと言っていい。そこで，「平均給与」や「平均ボーナス」などで将来の予測をするわけだが，これは一応の目安とはなるが，個人差があるので正確とは言えない。

04 就職ノートの作成

■決定版「就職ノート」はこう作る

1冊にすべて書き込みたいという人には，ルーズリーフ形式のノートがお勧め。会社研究，スケジュール，時事用語，OB／OG訪問，切り抜きなどの項目を作りインデックスをつける。

カレンダー，説明会，試験などのスケジュール表を貼り，とくに会社別の説明会，面談，書類提出，試験の日程がひと目で分かる表なども作っておく。そして見開き2ページで1社を載せ，左ページに企業研究，右ページには志望理由，自己PRなどを整理する。

就職ノートの主なチェック項目

- ❏企業研究…資本金，業務内容，従業員数など基礎的な会社概要から，過去の採用状況，業務報告などのデータ
- ❏採用試験メモ…日程，条件，提出書類，採用方法，試験の傾向など
- ❏店舗・営業所見学メモ…流通関係，銀行などの場合は，客として訪問し，商品（値段，使用価値，ユーザーへの配慮），店員（接客態度，商品知識，熱意，親切度），店舗（ショーケース，陳列の工夫，店内の清潔さ）などの面をチェック
- ❏OB／OG訪問メモ…OB／OGの名前，連絡先，訪問日時，面談場所，質疑応答のポイント，印象など
- ❏会社訪問メモ…連絡先，人事担当者名，会社までの交通機関，最寄り駅からの地図，訪問のときに得た情報や印象，訪問にいたるまでの経過も記入

05「OB／OG訪問」

「OB／OG訪問」は，実際は採用予備選考開始。まず，OB／OG訪問を希望したら，大学のキャリアセンター，教授などの紹介で，志望企業に勤める先輩の手がかりをつかむ。もちろん直接電話なり手紙で，自分の意向を会社側に伝えてもいい。自分の在籍大学，学部をはっきり言って，「先輩を紹介していただけないでしょうか」と依頼しよう。

参考

OB／OG訪問時の質問リスト例

●採用について

- 成績と面接の比重
- 評価のポイント
- 採用までのプロセス（日程）
- 筆記試験の傾向と対策
- 面接は何回あるか
- コネの効力はどうか
- 面接で質問される事項　etc.

●仕事について

- 内容（入社10年，20年のOB/OG）
- 新入社員の仕事
- 希望職種につけるのか
- やりがいはどうか
- 残業，休日出勤，出張など
- 同業他社と比較してどうか　etc.

●社風について

- 社内のムード
- 上司や同僚との関係
- 仕事のさせ方　etc.

●待遇について

- 給与について
- 福利厚生の状態
- 昇進のスピード
- 離職率について　etc.

06 インターンシップ

インターンシップとは，学生向けに企業が用意している「就業体験」プログラム。ここで学生はさまざまな企業の実態をより深く知ることができ，その後の就職活動において自己分析，業界研究，職種選びなどに活かすことができる。また企業側にとっても有能な学生を発掘できるというメリットがあるため，導入する企業は増えている。

インターンシップ参加が採用につながっているケースもあるため，たくさん参加してみよう。

column コネを利用するのも１つの手段？

コネを活用できるのは，以下のような場合である。

・企業と大学に何らかの「連絡」がある場合

企業の新卒採用の場合，特定校・指定校が決められていることもある。企業側が過去の実績などに基づいて決めており，大学の力が大きくものをいう。

とくに理工系では，指導教授や研究室と企業との連絡が密接な場合が多く，教授の推薦が有利であることは言うまでもない。同じ大学出身の先輩とのコネも，この部類に区分できる。

・志望企業と「関係」ある人と関係がある場合

一般的に言えば，志望企業の取り引き先関係からの紹介というのが一番多い。ただし，年間億単位の実績が必要で，しかも部長・役員以上につながっていなければコネがあるとは言えない。

・志望企業と何らかの「親しい関係」がある場合

志望企業に勤務したりアルバイトをしていたことがあるという場合。インターンシップもここに分類される。職場にも馴染みがあり人間関係もできているので，就職に際してきわめて有利。

・志望会社に関係する人と「縁故」がある場合

縁故を「血縁関係」とした場合，日本企業ではこのコネはかなり有効なところもある。ただし，血縁者が同じ会社にいるというのは不都合なことも多いので，どの企業も慎重。

07 会社説明会のチェックポイント

1. 受付の様子

受付事務がテキパキとしていて，分かりやすいかどうか。社員の態度が親切で誠意が伝わってくるかどうか。

こういった受付の様子からでも，その会社の社員教育の程度や，新入社員採用に対する熱意とか期待を推し測ることができる。

2. 控え室の様子

控え室が2カ所以上あって，国立大学と私立大学の訪問者とが，別々に案内されているようなことはないか。また，面談の順番を意図的に変えているようなことはないか。これはよくある例で，すでに大半は内定しているということを意味する場合が多い。

3. 社内の雰囲気

社員の話し方，その内容を耳にはさむだけでも，社風が伝わってくる。

4. 面談の様子

何時間も待たせたあげくに，きわめて事務的に，しかも投げやりな質問しかしないような採用担当者である場合，この会社は人事が適正に行われていないということだから，一考したほうがよい。

参考 説明会での質問項目

- 質問内容が抽象的でなく，具体性のあるものかどうか。
- 質問内容は，現在の社会・経済・政治などの情況を踏まえた，大学生らしい高度で専門性のあるものか。
- 質問をするのはいいが，「それでは，あなたの意見はどうか」と逆に聞かれたとき，自分なりの見解が述べられるものであるか。

理論編 STEP3

提出書類を用意する

提出する書類は6種類。①～③が大学に申請する書類，④～⑥が自分で書く書類だ。大学に申請する書類は一度に何枚も入手しておこう。

①「卒業見込証明書」

②「成績証明書」

③「健康診断書」

④「履歴書」

⑤「エントリーシート」

⑥「会社説明会アンケート」

■自分で書く書類は「自己PR」

第1次面接に進めるか否かは「自分で書く書類」の出来にかかっている。「履歴書」と「エントリーシート」は会社説明会に行く前に準備しておくもの。「会社説明会アンケート」は説明会の際に書き，その場で提出する書類だ。

01 履歴書とエントリーシートの違い

Webエントリーを受け付けている企業に資料請求をすると，資料と一緒に「エントリーシート」が送られてくるので，応募サイトのフォームやメールでエントリーシートを送付する。Webエントリーを行っていない企業には，ハガキやメールで資料請求をする必要があるが，「エントリーシート」は履歴書とは異なり，企業が設定した設問に対して回答するもの。すなわちこれが「1次試験」であり，これにパスをした人だけが会社説明会に呼ばれる。

02 記入の際の注意点

■字はていねいに

字を書くところから，その企業に対する“本気度”は測られている。

■誤字，脱字は厳禁

使用するのは，黒のインク。

■修正液使用は不可

■数字は算用数字

■自分の広告を作るつもりで書く

自分はこういう人間であり，何がしたいかということを簡潔に書く。メリットになることだけで良い。自分に損になるようなことを書く必要はない。

■「やる気」を示す具体的なエピソードを

「私はやる気があります」「私は根気があります」という抽象的な表現だけではNG。それを示すエピソードのようなものを書かなくては意味がない。

Point

自己紹介欄の項目はすべて「自己PR」。自分はこういう人間であることを印象づけ，それがさらに企業への「志望動機」につながっていくような書き方をする。

column 履歴書やエントリーシートは，共通でもいい？

「履歴書」や「エントリーシート」は企業によって書き分ける。業種はもちろん，同じ業界の企業であっても求めている人材が違うからだ。各書類は提出前にコピーを取り，さらに出した企業名を忘れずに書いておくことも大切だ。

履歴書記入のPoint

写真	スナップ写真は不可。 スーツ着用で，胸から上の物を使用する。ポイントは「清潔感」。 氏名・大学名を裏書きしておく。
日付	郵送の場合は投函する日，持参する場合は持参日の日付を記入する。
生年月日	西暦は避ける。元号を省略せずに記入する。
氏名	戸籍上の漢字を使う。印鑑押印欄があれば忘れずに押す。
住所	フリガナ欄がカタカナであればカタカナで，平仮名であれば平仮名で記載する。
学歴	最初の行の中央部に「学□□歴」と2文字程度間隔を空けて，中学校卒業から大学（卒業・卒業見込み）まで記入する。 中途退学の場合は，理由を簡潔に記載する。留年は記入する必要はない。 職歴がなければ，最終学歴の一段下の行の右隅に，「以上」と記載する。
職歴	最終学歴の一段下の行の中央部に「職□□歴」と2文字程度間隔を空け記入する。 「株式会社」や「有限会社」など，所属部門を省略しないで記入する。 「同上」や「〃」で省略しない。 最終職歴の一段下の行の右隅に，「以上」と記載する。
資格・免許	4級以下は記載しない。学習中のものも記載して良い。 「普通自動車第一種運転免許」など，省略せずに記載する。
趣味・特技	具体的に（例：読書でもジャンルや好きな作家を）記入する。
志望理由	その企業の強みや良い所を見つけ出したうえで，「自分の得意な事」がどう活かせるかなどを考えぬいたものを記入する。
自己PR	応募企業の事業内容や職種にリンクするような，自分の経験やスキルなどを記入する。
本人希望欄	面接の連絡方法，希望職種・勤務地などを記入する。「特になし」や空白はNG。
家族構成	最初に世帯主を書き，次に配偶者，それから家族を祖父母，兄弟姉妹の順に。続柄は，本人から見た間柄。兄嫁は，義姉と書く。
健康状態	「良好」が一般的。

理論編

STEP4 エントリーシートの記入

01 エントリーシートの目的

・応募者を，決められた採用予定者数に絞り込むこと

・面接時の資料にする

の2つ。

■知りたいのは職務遂行能力

採用担当者が学生を見る場合は,「こいつは与えられた仕事をこなせるかどうか」という目で見ている。企業に必要とされているのは仕事をする能力なのだ。

Point

質問に忠実に，“自分がいかにその会社の求める人材に当てはまるか”を丁寧に答えること。

02 効果的なエントリーシートの書き方

■情報を伝える書き方

課題をよく理解していることを相手に伝えるような気持ちで書く。

■文章力

大切なのは全体のバランスが取れているか。書く前に，何をどれくらいの字数で収めるか計算しておく。

「起承転結」でいえば,「起」は，文章を起こす導入部分。「承」は，起を受けて，その提起した問題に対して承認を求める部分。「転」は，自説を展開する部分。もっともオリジナリティが要求される。「結」は,最後の締めの結論部分。文章の構成・まとめる力で，総合的な能力が高いことをアピールする。

参考 エントリーシートでよく取り上げられる題材と，その出題意図

エントリーシートで求められるものは，「自己PR」「志望動機」「将来どうなりたいか（目指すこと）」の3つに大別される。

1.「自己PR」

自己分析にしたがって作成していく。重要なのは，「なぜそうしようと思ったか？」「○○をした結果，何が変わったのか？何を得たのか？」という“連続性”が分かるかどうかがポイント。

2.「志望動機」

自己PRと一貫性を保ち，業界志望理由と企業志望理由を差別化して表現するように心がける。志望する業界の強みと弱み，志望企業の強みと弱みの把握は基本。

3.「将来の展望」

どんな社員を目指すのか，仕事へはどう臨もうと思っているか，目標は何か，などが問われる。仕事内容を事前に把握しておくだけでなく，5年後の自分，10年後の自分など，具体的な将来像を描いておくことが大切。

表現力，理解力のチェックポイント

❏文法，語法が正しいかどうか
❏論旨が論理的で一貫しているかどうか
❏1センテンスが簡潔かどうか
❏表現が統一されているかどうか（「です，ます」調か「だ，である」調か）

理論編

STEP 5 面接試験の進みかた

01 個人面接

●自由面接法

面接官と受験者のキャラクターやその場の雰囲気，質問と応答の進行具合などによって雑談形式で自由に進められる。

●標準面接法

自由面接法とは逆に，質問内容や評価の基準などがあらかじめ決まっている。実際には自由面接法と併用で，おおまかな質問事項や判定基準，評価ポイントを決めておき，質疑応答の内容上の制限を緩和しておくスタイルが一般的。1次面接などでは標準面接法をとり，2次以降で自由面接法をとる企業も多い。

●非指示面接法

受験者に自由に発言してもらい，面接官は話題を引き出したりするときなど，最小限の質問をするという方法。

●圧迫面接法

わざと受験者の精神状態を緊張させ，受験者がどのような応答をするかを観察し，判定する。受験者は，冷静に対応することが肝心。

02 集団面接

面接の方法は個人面接と大差ないが，面接官がひとつの質問をして，受験者が順にそれに答えるという方法と，面接官が司会役になって，座談会のような形式で進める方法とがある。

座談会のようなスタイルでの面接は，なるべく受験者全員が関心をもっているような話題を取りあげ，意見を述べさせるという方法。この際，司会役以外の面接官は一言も発言せず，判定・評価に専念する。

03 グループディスカッション

グループディスカッション（以下，GD）の時間は30～60分程度，1グループの人数は5～10人程度で，司会は面接官が行う場合や，時間を決めて学生が交替で行うことが多い。面接官は内容については特に指示することはなく，受験者がどのようにGDを進めるかを観察する。

評価のポイントは，全体的には理解力，表現力，指導性，積極性，協調性など，個別的には性格，知識，適性などが観察される。

GDの特色は，集団の中での個人ということで，受験者の能力がどの程度のものであるか，また，どのようなことに向いているかを判定できること。受験者は，グループの中における自分の位置を面接官に印象づけることが大切だ。

グループディスカッション方式の面接におけるチェックポイント

- ❏全体の中で適切な論点を提供できているかどうか。
- ❏問題解決に役立つ知識を持っているか，また提供できているかどうか。
- ❏もつれた議論を解きほぐし，的はずれの議論を元に引き戻す努力をしているかどうか。
- ❏グループ全体としての目標をいつも考えているかどうか。
- ❏感情的な対立や攻撃をしかけているようなことはないか。
- ❏他人の意見に耳を傾け，よい意見には賛意を表し，それを全体に推し広げようという寛大さがあるかどうか。
- ❏議論の流れを自然にリードするような主導性を持っているかどうか。
- ❏提出した意見が議論の進行に大きな影響を与えているかどうか。

04 面接時の注意点

●控え室

控え室には，指定された時間の15分前には入室しよう。そこで担当の係から，面接に際しての注意点や手順の説明が行われるので，疑問点は積極的に聞くようにし，心おきなく面接にのぞめるようにしておこう。会社によっては，所定のカードに必要事項を書き込ませたり，お互いに自己紹介をさせたりする場合もある。また，この控え室での行動も細かくチェックして，合否の資料にしている会社もある。

●入室・面接開始

係員がドアの開閉をしてくれる場合もあるが，それ以外は軽くノックして入室し，必ずドアを閉める。そして入口近くで軽く一礼し，面接官か補助員の「どうぞ」という指示で正面の席に進み，ここで再び一礼をする。そして，学校名と氏名を名のって静かに着席する。着席時は，軽く椅子にかけるようにする。

●面接終了と退室

面接の終了が告げられたら，椅子から立ち上がって一礼し，椅子をもとに戻して，面接官または係員の指示を受けて退室する。

その際も，ドアの前で面接官のほうを向いて頭を下げ，静かにドアを開閉する。控え室に戻ったら，係員の指示を受けて退社する。

05 面接試験の評定基準

●協調性

企業という「集団」では，他人との協調性が特に重視される。

感情や態度が円満で調和がとれていること，極端に好悪の情が激しくなく，物事の見方や考え方が穏健で中立であることなど，職場での人間関係を円滑に進めていくことのできる人物かどうかが評価される。

●話し方

外観印象的には，言語の明瞭さや応答の態度そのものがチェックされる。小さな声で自信のない発言，乱暴野卑な発言は減点になる。

考えをまとめたら，言葉を選んで話すくらいの余裕をもって，真剣に応答しようとする姿勢が重視される。軽率な応答をしたり，まして発言に矛盾を指摘されるような事態は極力避け，もしそのような状況になりそうなときは，自分の非を認めてはっきりと謝るような態度を示すべき。

●好感度

実社会においては，外観による第一印象が，人間関係や取引に大きく影響を及ぼす。

「フレッシュな爽やかさ」に加え，入社志望など，自分の意思や希望をより明確にすることで，強い信念に裏づけられた姿勢をアピールできるよう努力したい。

●判断力

何を質問されているのか，何を答えようとしているのか，常に冷静に判断していく必要がある。

●表現力

話に筋道が通り理路整然としているか，言いたいことが簡潔に言えるか，話し方に抑揚があり聞く者に感銘を与えるか，用語が適切でボキャブラリーが豊富かどうか。

●積極性

活動意欲があり，研究心旺盛であること，進んで物事に取り組み，創造的に解決しようとする意欲が感じられること，話し方にファイトや情熱が感じられること，など。

●計画性

見通しをもって順序よく合理的に仕事をする性格かどうか，またその能力の有無。企業の将来性のなかに，自分の将来をどうかみ合わせていこうとしているか，現在の自分を出発点として，何を考え，どんな仕事をしたいのか。

●安定性

情緒の安定は，社会生活に欠くことのできない要素。自分自身をよく知っているか，他の人に流されない信念をもっているか。

●誠実性

自分に対して忠実であろうとしているか，物事に対してどれだけ誠実な考え方をしているか。

●社会性

企業は集団活動なので，自分の考えに固執したり，不平不満が多い性格は向かない。柔軟で適応性があるかどうか。

> **Point**
> **清潔感や明朗さ，若々しさといった外観面も重視される。**

06 面接試験の質問内容

1. 志望動機

受験先の概要や事業内容はしっかりと頭の中に入れておく。また，その企業の企業活動の社会的意義と，自分自身の志望動機との関連を明確にしておく。「安定している」「知名度がある」「将来性がある」といった利己的な動機，「自分の性格に合っている」というような，あいまいな動機では説得力がない。安定性や将来性は，具体的にどのような企業努力によって支えられているのかという考察も必要だし，それに対する受験者自身の評価や共感なども問われる。

①どうしてその業種なのか

②どうしてその企業なのか

③どうしてその職種なのか

以上の①〜③と，自分の性格や資質，専門などとの関連性を説明できるようにしておく。

自分がどうしてその会社を選んだのか，どこに大きな魅力を感じたのかを，できるだけ具体的に，情熱をもって語ることが重要。自分の長所と仕事の適性を結びつけてアピールし，仕事のやりがいや仕事に対する興味を述べるのもよい。

■複数の企業を受験していることは言ってもいい？

同じ職種，同じ業種で何社かかけもちしている場合，正直に答えてもかまわない。しかし，「第一志望はどこですか」というような質問に対して，正直に答えるべきかどうかというと，やはりこれは疑問がある。どんな会社でも，他社を第一志望にあげられれば，やはり愉快には思わない。

また，職種や業種の異なる会社をいくつか受験する場合も同様で，極端に性格の違う会社をあげれば，その矛盾を突かれるのは必至だ。

2. 仕事に対する意識・職業観

採用試験の段階では，次年度の配属予定が具体的に固まっていない会社もかなりある。具体的に職種や部署などを細分化して募集している場合は別だが，そうでない場合は，希望職種をあまり狭く限定しないほうが賢明。どの業界においても，採用後，新入社員には，研修としてその会社の各セクションをひと通り経験させる企業は珍しくない。そのうえで，具体的な配属計画を検討するのだ。

大切なことは，就職や職業というものを，自分自身の生き方の中にどう位置づけるか，また，自分の生活の中で仕事とはどういう役割を果たすのかを考えてみること。つまり自分の能力を活かしたい，社会に貢献したい，自分の存在価値を社会的に実現してみたい，ある分野で何か自分の力を試してみたい……，などの場合を考え，それを自分自身の人生観，志望職種や業種などとの関係を考えて組み立ててみる。自分の人生観をもとに，それを自分の言葉で表現できるようにすることが大切。

3. 自己紹介・自己PR

性格そのものを簡単に変えたり，欠点を克服したりすることは実際には難しいが，“仕方がない”という姿勢を見せることは禁物で，どんなささいなことでも，努力している面をアピールする。また一般的にいって，専門職を除けば，就職時になんらかの資格や技能を要求する企業は少ない。

ただ，資格をもっていれば採用に有利とは限らないが，専門性を要する業種では考慮の対象とされるものもある。たとえば英検，簿記など。

企業が学生に要求しているのは，4年間の勉学を重ねた学生が，どのように仕事に有用であるかということで，学生の知識や学問そのものを聞くのが目的ではない。あくまで，社会人予備軍としての謙虚さと素直さを失わないようにする。

知識や学力よりも，その人の人間性，ビジネスマンとしての可能性を重視するからこそ，面接担当者は，学生生活全般について尋ねることで，書類だけでは分からない人間性を探ろうとする。

何かうち込んだものや思い出に残る経験などは，その人の人間的な成長になんらかの作用を及ぼしているものだ。どんな経験であっても，そこから受けた印象や教訓などは，明確に答えられるようにしておきたい。

4. 一般常識・時事問題

一般常識・時事問題については筆記試験の分野に属するが，面接でこうしたテーマがもち出されることも珍しくない。受験者がどれだけ社会問題に関心をもっているか，一般常識をもっているか，また物事の見方・考え方に偏りがないかなどを判定する。知識や教養だけではなく，一問一答の応答を通じて，その人の性格や適応能力まで判断されることになる。

07 面接に向けての事前準備

■面接試験1カ月前までには万全の準備をととのえる

●志望会社・職種の研究

新聞の経済欄や経済雑誌などのほか，会社年鑑，株式情報など書物による研究をしたり，インターネットにあがっている企業情報や，検索によりさまざまな角度から調べる。すでにその会社へ就職している先輩や知人に会って知識を得たり，大学のキャリアセンターへ情報を求めるなどして総合的に判断する。

■専攻科目の知識・卒論のテーマなどの整理

大学時代にどれだけ勉強してきたか，専攻科目や卒論のテーマなどを整理しておく。

■時事問題に対する準備

毎日欠かさず新聞を読む。志望する企業の話題は，就職ノートに整理するなどもアリ。

面接当日の必需品

❏必要書類（履歴書，卒業見込証明書，成績証明書，健康診断書，推薦状）
❏学生証
❏就職ノート（志望企業ファイル）
❏印鑑，朱肉
❏筆記用具（万年筆，ボールペン，サインペン，シャープペンなど）
❏手帳，ノート
❏地図（訪問先までの交通機関などをチェックしておく）
❏現金（小銭も用意しておく）
❏腕時計（オーソドックスなデザインのもの）
❏ハンカチ，ティッシュペーパー
❏くし，鏡（女性は化粧品セット）
❏シューズクリーナー
❏ストッキング
❏折りたたみ傘（天気予報をチェックしておく）
❏携帯電話，充電器

理論編 STEP 6

筆記試験の種類

■一般常識試験

Point

社会人として企業活動を行ううえで最低限必要となる一般常識のほか，英語，国語，社会(時事問題)，数学などの知識の程度を確認するもの。

難易度はおおむね中学・高校の教科書レベル。一般常識の問題集を1冊やっておけばよいが，業界によっては専門分野が出題されることもあるため，必ず志望する企業のこれまでの試験内容は調べておく。

■一般常識試験の対策

・**英語**　慣れておくためにも，教科書を復習する，英字新聞を読むなど。

・**国語**　漢字，四字熟語，反対語，同音異義語，ことわざをチェック。

・**時事問題**　新聞や雑誌，テレビ，ネットニュースなどアンテナを張っておく。

■適性検査

SPI（Synthetic Personality Inventory）試験（SPI3試験）とも呼ばれ，能力テストと性格テストを合わせたもの。

能力テストでは国語能力を測る「言語問題」と，数学能力を測る「非言語問題」がある。言語的能力，知覚能力，数的能力のほか，思考・推理能力，記憶力，注意力などの問題で構成されている。

性格テストは「はい」か「いいえ」で答えていく。仕事上の適性と性格の傾向などが一致しているかどうかをみる。

Point

SPIは職務への適応性を客観的にみるためのもの。

理論編
STEP 7 論作文の書き方

01「論文」と「作文」

一般に「論文」はあるテーマについて自分の意見を述べ，その論証をする文章で，必ず意見の主張とその論証という2つの部分で構成される。問題提起と論旨の展開，そして結論を書く。

「作文」は，一般的には感想文に近いテーマ，たとえば「私の興味」「将来の夢」といったものがある。

就職試験では「論文」と「作文」を合わせた“論作文”とでもいうようなものが出題されることが多い。

論作文試験とは，「文章による面接」。テーマに書き手がどういう態度を持っているかを知ることが，出題の主な目的だ。受験者の知識・教養・人生観・社会観・職業観，そして将来への希望などが，どのような思考を経て，どう表現されているかによって，企業にとって，必要な人物かどうかを判断している。

論作文の場合には，書き手の社会的意識や考え方に加え，「感銘を与える」働きが要求される。就職活動とは，企業に対し「自分をアピールすること」だということを常に念頭に置いておきたい。

Point

論文と作文の違い

	論　文	作　文
テーマ	学術的・社会的・国際的なテーマ。時事，経済問題など	個人的・主観的なテーマ。人生観，職業観など
表現	自分の意見や主張を明確に述べる。	自分の感想を述べる。
展開	四段型（起承転結）の展開が多い。	三段型（はじめに・本文・結び）の展開が多い。
文体	「だ調・である調」のスタイルが多い。	「です調・ます調」のスタイルが多い。

02 採点のポイント

・テーマ

与えられた課題（テーマ）を，受験者はどのように理解しているか。

出題されたテーマの意義をよく考え，それに対する自分の意見や感情が，十分に整理されているかどうか。

・表現力

課題について本人が感じたり，考えたりしたことを，文章で的確に表しているか。

・字・用語・その他

かなづかいや送りがなが合っているか，文中で引用されている格言やことわざの類が使用法を間違えていないか，さらに誤字・脱字に至るまで，文章の基本的な力が受験者の人柄ともからんで厳密に判定される。

・オリジナリティ

魅力がある文章とは，オリジナリティを率直に出すこと。自分の感情や意見を，自分の言葉で表現する。

・生活態度

文章は，書き手の人格や人柄を映し出す。平素の社会的関心や他人との協調性，趣味や読書傾向はどうであるかといった，受験者の日常における生き方，生活態度がみられる。

・字の上手・下手

できるだけ読みやすい字を書く努力をする。また，制限字数より文章が長くなって原稿用紙の上下や左右の空欄に書き足したりすることは避ける。消しゴムで消す場合にも，丁寧に。

いずれの場合でも，表面的な文章力を問うているのではなく，受験者の人柄のほうを重視している。

実践編

マナーチェックリスト

就活において企業の人事担当は，面接試験やOG／OB訪問，そして面接試験において，あなたのマナーや言葉遣いといった，「常識力」をチェックしている。現在の自分はどのくらい「常識力」が身についているかをチェックリストで振りかえり，何ができて，何ができていないかを明確にしたうえで，今後の取り組みに生かしていこう。

評価基準　5：大変良い　4：やや良い　3：どちらともいえない　2：やや悪い　1：悪い

	項目	評価	メモ
挨拶	明るい笑顔と声で挨拶をしているか		
	相手を見て挨拶をしているか		
	相手より先に挨拶をしているか		
	お辞儀を伴った挨拶をしているか		
	直接の応対者でなくても挨拶をしているか		
表情	笑顔で応対しているか		
	表情に私的感情がでていないか		
	話しかけやすい表情をしているか		
	相手の話は真剣な顔で聞いているか		
身だしなみ	前髪は目にかかっていないか		
	髪型は乱れていないか／長い髪はまとめているか		
	髭の剃り残しはないか／化粧は健康的か		
	服は汚れていないか／清潔に手入れされているか		
	機能的で職業・立場に相応しい服装をしているか		
	華美なアクセサリーはつけていないか		
	爪は伸びていないか		
	靴下の色は適当か／ストッキングの色は自然な肌色か		
	靴の手入れは行き届いているか		
	ポケットに物を詰めすぎていないか		

	項目	評価	メモ
言葉遣い	専門用語を使わず，相手にわかる言葉で話しているか		
	状況や相手に相応しい敬語を正しく使っているか		
	相手の聞き取りやすい音量・速度で話しているか		
	語尾まで丁寧に話しているか		
	気になる言葉癖はないか		
動作	物の授受は両手で丁寧に実施しているか		
	案内・指し示し動作は適切か		
	キビキビとした動作を心がけているか		
心構え	勤務時間・指定時間の５分前には準備が完了しているか		
	心身ともに健康管理をしているか		
	仕事とプライベートの切替えができているか		

☑ 常に自己点検をするクセをつけよう

「人を表情やしぐさ，身だしなみなどの見かけで判断してはいけない」と一般にいわれている。確かに，人の個性は見かけだけではなく，内面においても見いだされるもの。しかし，私たちは人を第一印象である程度決めてしまう傾向がある。それが面接試験など初対面の場合であればなおさらだ。したがって，チェックリストにあるような挨拶，表情，身だしなみ等に注意して面接試験に臨むことはとても重要だ。ただ，これらは面接試験前にちょっと対策したからといって身につくようなものではない。付け焼き刃的な対策をして面接試験に臨んでも，面接官はあっという間に見抜いてしまう。日頃からチェックリストにあるような項目を意識しながら行動することが大事であり，そうすることで，最初はぎこちない挨拶や表情等も，その人の個性に応じたすばらしい所作へ変わっていくことができるのだ。さっそく，本日から実行してみよう。

実践編 STEP 1

表情

面接試験において，印象を決定づける表情はとても大事。
どのようにすれば感じのいい表情ができるのか，ポイントを確認していこう。

明るく,温和で柔らかな表情をつくろう

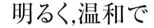

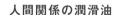

人間関係の潤滑油

表情に関しては，まずは豊かであるということがベースになってくる。うれしい表情，困った表情，驚いた表情など，さまざまな気持ちを表現できるということが，人間関係を潤いのあるものにしていく。

Point

表情はコミュニケーションの大前提。相手に「いつでも話しかけてくださいね」という無言の言葉を発しているのが，就活に求められる表情だ。面接官が安心してコミュニケーションをとろうと思ってくれる表情。それが，明るく，温和で柔らかな表情となる。

いますぐデキる

カンタンTraining

Training 01

喜怒哀楽を表してみよう

・人との出会いを楽しいと思うことが表情の基本
・表情を豊かにする大前提は相手の気持ちに寄り添うこと
・目元・口元だけでなく，眉の動きを意識することが大事

Training 02

表情筋のストレッチをしよう

・表情筋は「ウイスキー」の発音によって鍛える
・意識して毎日，取り組んでみよう
・笑顔の共有によって相手との距離が縮まっていく

実践編 STEP 2

挨拶

コミュニケーションは挨拶から始まり，その挨拶ひとつで印象は変わるもの。ポイントを確認していこう。

丁寧にしっかりとはっきり挨拶をしよう

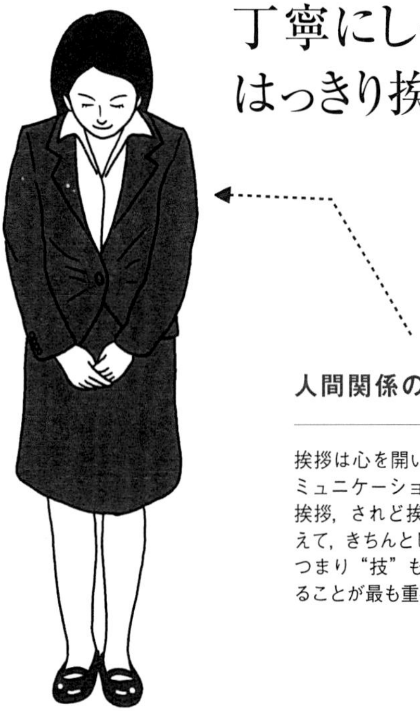

人間関係の第一歩

挨拶は心を開いて，相手に近づくコミュニケーションの第一歩。たかが挨拶，されど挨拶の重要性をわきまえて，きちんとした挨拶をしよう。形，つまり“技”も大事だが，心をこめることが最も重要だ。

Point

挨拶はコミュニケーションの第一歩。相手が挨拶するのを待っているのは望ましくない。挨拶の際のポイントは丁寧であることと，はっきり声に出すことの2つ。丁寧な挨拶は，相手を大事にして迎えている気持ちの表れとなる。はっきり声に出すことで，これもきちんと相手を迎えていることが伝わる。また，相手もその応答として挨拶してくれることで，会ってすぐに双方向のコミュニケーションが成立する。

いますぐデキる

カンタンTraining

Training **01**

3つのお辞儀をマスターしよう

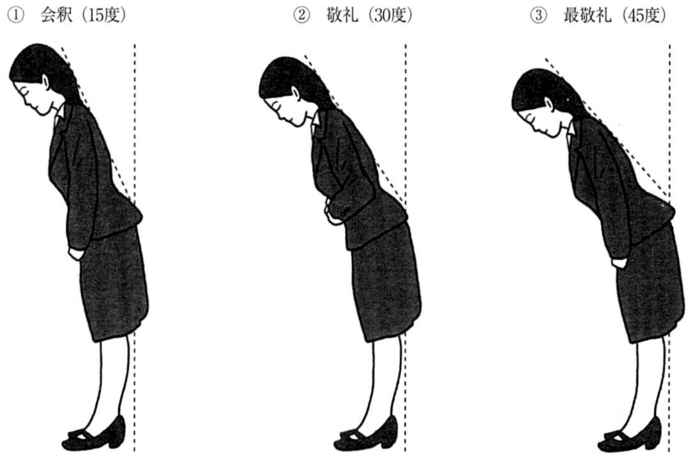

- 息を吸うことを意識してお辞儀をするとキレイな姿勢に
- 目線は真下ではなく，床前方1.5m先ぐらいを見よう
- 相手への敬意を忘れずに

Training **02**

対面時は言葉が先，お辞儀が後

- 相手に体を向けて先に自ら挨拶をする
- 挨拶時，相手とアイコンタクトを しっかり取ろう
- 挨拶の後に，お辞儀をする。 これを「語先後礼」という

実践編

STEP3 聞く姿勢

コミュニケーションは「話す」よりも「聞く」ことといわれる。相手が話しやすい聞き方の，ポイントを確認しよう。

相手の話を受けとめる

話を聞くときは，やや前に傾く姿勢をとる。表情と姿勢が合わさることにより，話し手の心が開き「あれも，これも話そう」という気持ちになっていく。また，「はい」と一度のお辞儀で頷くと相手の話を受け止めているというメッセージにつながる。

Point

話をすること，話を聞いてもらうことは誰にとってもプレッシャーを伴うもの。そのため,「何でも話して良いんですよ」「何でも話を聞きますよ」「心配しなくて良いんですよ」という気持ちで聞くことが大切になる。その気持ちが聞く姿勢に表れれば，相手は安心して話してくれる。

いますぐデキる

カンタンTraining

Training 01

頷きは一度で

- 相手が話した後に「はい」と
  一言発する
- 頷きすぎは逆効果

Training 02

目線は自然に

- 鼻の付け根あたりを見ると
  自然な印象に
- 目を見つめすぎるのはＮＧ

Training 03

話の句読点で視線を移す

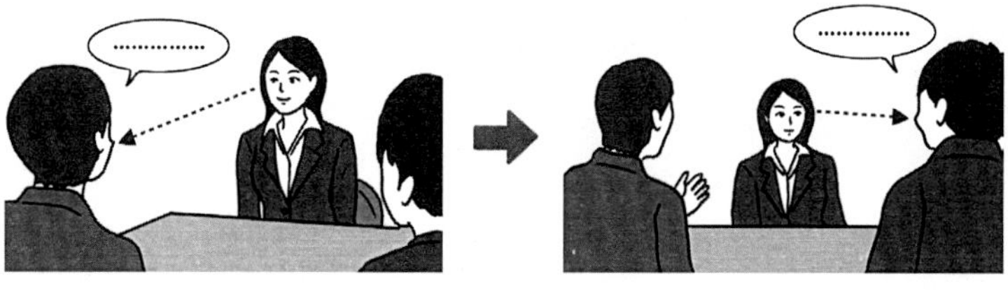

- 視線は話している人を見ることが基本
- 複数の人の話を聞くときは句読点を意識し，
  視線を振り分けることで聞く姿勢を表す

実践編 STEP 4

伝わる話し方

自分の意思を相手に明確に伝えるためには，話し方が重要となる。はっきりと的確に話すためのポイントを確認しよう。

明るい発声を心がけよう

ボリュームを意識して

話すときのポイントとしては，ボリュームを意識することが挙げられる。会議室の一番奥にいる人に声が届くように意識することで，声のボリュームはコントロールされていく。

Point

コミュニケーションとは「伝達」すること。どのようなことも，適当に伝えるのではなく，伝えるべきことがきちんと相手に届くことが大切になる。そのためには，はっきりと，分かりやすく，丁寧に，心を込めて話すこと。言葉だけでなく，表情やジェスチャーを加えることも有効。

いますぐデキる

カンタンTraining

Training 01

腹式呼吸で発声練習

・「あえいうえおあお」と発声する
・腹式呼吸は，胸部をなるべく動かさずに，息を吸うときにお腹や腰が膨らむよう意識する呼吸法

Training 02

早口言葉にチャレンジ

・「おあやや，母親に，お謝り」と早口で
・口がすぼまった「お」と口が開いた「あ」の発音に，変化をつけられるかがポイント

Training 03

ジェスチャーを有効活用

・腰より上でジェスチャーをする
・体から離した位置に手をもっていく
・ジェスチャーをしたら戻すところをさだめておく

実践編

STEP 5 身だしなみ

身だしなみはその人自身を表すもの。身だしなみの基本について，ポイントを確認しよう。

清潔感，さわやかさを醸し出せるようにしよう

プロの企業人にふさわしい身だしなみを

信頼感，安心感をもたれる身だしなみを考えよう。TPOに合わせた服装は，すなわち“礼”を表している。そして，身だしなみには，「清潔感」，「品のよさ」，「控え目である」という，3つのポイントがある。

Point

相手との心理的な距離や物理的な距離が遠ければ，コミュニケーションは成立しにくくなる。見た目が不潔では誰も近付いてこない。身だしなみが清潔であること，爽やかであることは相手との距離を縮めることにも繋がる。

いますぐデキる

カンタンTraining

Training 01

髪型，服装を整えよう

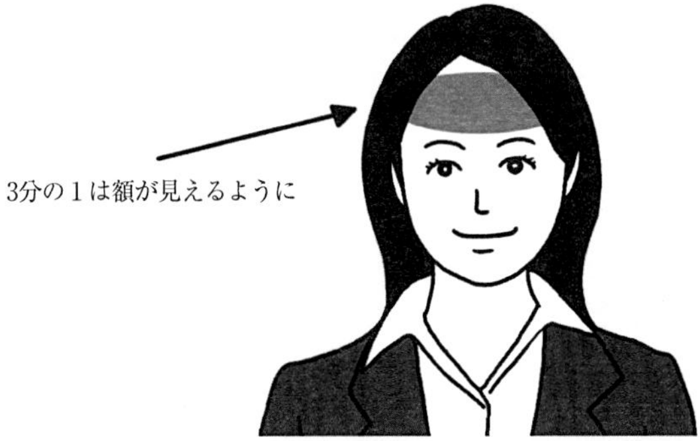

- 男性も女性も眉が見える髪型が望ましい。３分の１は額が見えるように。額は知性と清潔感を伝える場所。男性の髪の長さは耳や襟にかからないように
- スーツで相手の前に立つときは，ボタンはすべて留める。男性の場合は下のボタンは外す

Training 02

おしゃれとの違いを明確に

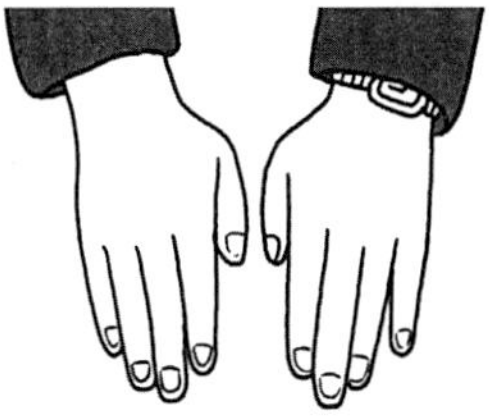

- 爪はできるだけ切りそろえる
- 爪の中の汚れにも注意
- ジェルネイル，ネイルアートはNG

Training 03

足元にも気を配って

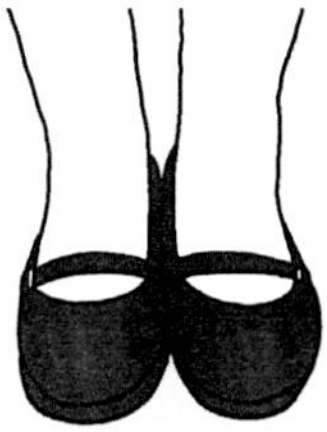

- 女性の場合はパンプス，男性の場合は黒の紐靴が望ましい
- 靴はこまめに汚れを落とし見栄えよく

実践編
STEP 6 姿勢

姿勢にはその人の意欲が反映される。前向き，活動的な姿勢を表すにはどうしたらよいか，ポイントを確認しよう。

前向き,活動的な姿勢を維持しよう

一直線と左右対称

正しい立ち姿として，耳，肩，腰，くるぶしを結んだ線が一直線に並んでいることが最大のポイントになる。そのラインが直線に近づくほど立ち姿がキレイに整っていることになる。また，“左右対称”というのもキレイな姿勢の要素のひとつになる。

Point

姿勢は，身体と心の状態を反映するもの。そのため，良い姿勢でいることは，印象が清々しいだけでなく，健康で元気そうに見え，話しかけやすさにも繋がる。歩く姿勢，立つ姿勢，座る姿勢など，どの場面にも心身の健康状態が表れるもの。日頃から心身の健康状態に気を配り，フィジカルとメンタル両面の自己管理を心がけよう。

いますぐデキる

カンタンTraining

Training 01

キレイな歩き方を心がけよう

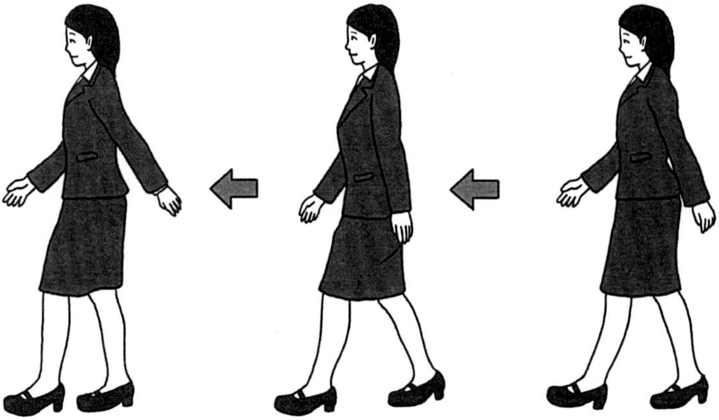

・女性は１本の線上を，男性はそれよりも太い線上を沿うように歩く
・一歩踏み出したときに前の足に体重を乗せるように，腰から動く
・12時の方向につま先をもっていく

Training 02

前向きな気持ちを持とう

・常に前向きな気持ちが姿勢を正す
・ポジティブ思考を心がけよう

実践編 STEP 7

正しい言葉遣い

言葉遣いの正しさはとは，場面にあった言葉を遣うということ。相手を気づかいながら，言葉を選ぶことで，より正しい言葉に近づいていく。

相手と場面に合わせた
ふさわしい言葉遣いを

次の文は接客の場面でよくある間違えやすい敬語です。
それぞれの言い方は○×どちらでしょうか。

問１「資料をご拝読いただきありがとうございます」

問２「こちらのパンフレットはもういただかれましたか？」

問３「恐れ入りますが，こちらの用紙にご記入してください」

問４「申し訳ございませんが，来週，休ませていただきます」

問５「先ほどの件，帰りましたら上司にご報告いたしますので」

Point

ビジネスのシーンに敬語は欠くことができない。何度もやり取りをしていく中で，親しさの度合いによっては，あえてくだけた表現を用いることもあるが，「親しき仲にも礼儀あり」と言われるように，敬意や心づかいをおろそかにしてはいけないもの。相手に誤解されたり，相手の気分を壊すことのないように，相手や場面にふさわしい言葉遣いが大切になる。

解答と解説

問1 （×）　○正しい言い換え例

→「ご覧いただきありがとうございます」など

「拝読」は自分が「読む」意味の謙譲語なので，相手の行為に使うのは誤り。読むと見るは同義なため，多く，見るの尊敬語「ご覧になる」が用いられる。

問2 （×）　○正しい言い換え例

→「お持ちですか」「お渡ししましたでしょうか」 など

「いただく」は，食べる・飲む・もらうの謙譲語。「もらったかどうか」と聞きたいのだから，「おもらいになりましたか」と言えないこともないが，持っているかどうか，受け取ったかどうかという意味で「お持ちですか」などが使われることが多い。また，自分側が渡すような場合は，「お渡しする」を使って「お渡ししましたでしょうか」などの言い方に換えることもできる。

問3 （×）　○正しい言い換え例

→「恐れ入りますが，こちらの用紙にご記入ください」など

「ご記入する」の「お（ご）～する」は謙譲語の形。相手の行為を謙譲語で表すことになるため誤り。「して」を取り除いて「ご記入ください」か，和語に言い換えて「お書きください」とする。ほかにも「お書き／ご記入・いただけますでしょうか・願います」などの表現もある。

問4 （△）

有給休暇を取る場合や，弔事等で休むような場面で，用いられることも多い。「休ませていただく」ということで一見丁寧に響くが，「来週休むと自分で休みを決めている」という勝手な表現にも受け取られかねない言葉だ。ここは同じ「させていただく」を用いても，相手の都合をうかがう言い方に換えて「○○がございまして，申し訳ございませんが，休みをいただいてもよろしいでしょうか」などの言い換えが好ましい。

問5 （×）○正しい言い換え例

→「上司に報告いたします」

「ご報告いたします」は，ソトの人との会話で使うとするならば誤り。「ご報告いたします」の「お・ご～いたす」は，「お・ご～する」と「～いたす」という2つの敬語を含む言葉。そのうちの「お・ご～する」は，主語である自分を低めて相手＝上司を高める働きをもつ表現（謙譲語Ⅰ）。一方「～いたす」は，主語の私を低めて，話の聞き手に対して丁重に述べる働きをもつ表現（謙譲語Ⅱ　丁重語）。「お・ご～する」も「～いたす」も同じ謙譲語であるため紛らわしいが，主語を低める（謙譲）という働きは同じでも，行為の相手を高める働きがあるかないかという点に違いがあるといえる。

実践編

STEP 8 正しい敬語

敬語は正しく使用することで，相手の印象を大きく変えることができる。尊敬語，謙譲語の区別をはっきりつけて，誤った用法で話すことのないように気をつけよう。

言葉の使い方がマナーを表す!

■よく使われる尊敬語の形 「言う・話す・説明する」の例

専用の尊敬語型	おっしゃる
～れる・～られる型	言われる・話される・説明される
お（ご）～になる型	お話しになる・ご説明になる
お（ご）～なさる型	お話しなさる・ご説明なさる

■よく使われる謙譲語の形 「言う・話す・説明する」の例

専用の謙譲語型	申す・申し上げる
お（ご）～する型	お話しする・ご説明する
お（ご）～いたす型	お話しいたします・ご説明いたします

Point

同じ尊敬語・謙譲語でも，よく使われる代表的な形がある。ここではその一例をあげてみた。敬語の使い方に迷ったときなどは，まずはこの形を思い出すことで，大抵の語はこの型にはめ込むことができる。同じ言葉を用いたほうがよりわかりやすいといえるので，同義に使われる「言う・話す・説明する」を例に考えてみよう。

ほかにも「お話しくださる」や「お話しいただく」「お元気でいらっしゃる」などの形もあるが，まずは表の中の形を見直そう。

■よく使う動詞の尊敬語・謙譲語

なお，尊敬語の中の「言われる」などの「れる・られる」を付けた形は省力している。

基本	尊敬語（相手側）	謙譲語（自分側）
会う	お会いになる	お目にかかる・お会いする
言う	おっしゃる	申し上げる・申す
行く・来る	いらっしゃる おいでになる お見えになる お越しになる お出かけになる	伺う・参る お伺いする・参上する
いる	いらっしゃる・おいでになる	おる
思う	お思いになる	存じる
借りる	お借りになる	拝借する・お借りする
聞く	お聞きになる	拝聴する 拝聞する お伺いする・伺う お聞きする
知る	ご存じ（知っているという意で）	存じ上げる・存じる
する	なさる	いたす
食べる・飲む	召し上がる・お召し上がりになる お飲みになる	いただく・頂戴する
見る	ご覧になる	拝見する
読む	お読みになる	拝読する

「お伺いする」「お召し上がりになる」などは，「伺う」「召し上がる」自体が敬語なので「二重敬語」ですが，慣習として定着しており間違いではないもの。

Point

上記の「敬語表」は，よく使うと思われる動詞をそれぞれ尊敬語・謙譲語で表したもの。このように大体の言葉は型にあてはめることができる。言葉の中には「お（ご）」が付かないものもあるが，その場合でも「～なさる」を使って，「スピーチなさる」や「運営なさる」などと言うことができる。また，表では，「言う」の尊敬語「言われる」の例は省いているが，れる・られる型の「言われる」よりも「おっしゃる」「お話しになる」「お話しなさる」などの言い方のほうが，より敬意も高く，言葉としても何となく響きが落ち着くといった印象を受けるものとなる。

実践編

STEP 9 会話力

会話は相手があってのこと。いかなる場合でも，相手に対する心くばりを忘れないことが，会話をスムーズに進めるためのコツになる。

心くばりを添えるひと言で 言葉の印象が変わる!

相手に何かを頼んだり，また相手の依頼を断ったり，相手の抗議に対して反論したりする場面では，いきなり自分の意見や用件を切り出すのではなく，場面に合わせて心くばりを伝えるひと言を添えてから本題に移ると，響きがやわらかくなり，こちらの意向も伝えやすくなる。俗にこれは「クッション言葉」と呼ばれている。(右表参照)

Point

ビジネスの場面で，相手と話したり手紙やメールを送る際には，何か依頼事があってという場合が多いもの。その場合に「ちょっとお願いなんですが…」では，ふだんの会話と変わりがないものになってしまう。そこを「突然のお願いで恐れ入りますが」「急にご無理を申しまして」「こちらの勝手で恐縮に存じますが」「折り入ってお願いしたいことがございまして」などの一言を添えることで，直接的なきつい感じが和らぐだけでなく，「申し訳ないのだけれど，もしもそうしていただくことができればありがたい」という，相手への配慮や願いの気持ちがより強まる。このような前置きの言葉もうまく用いて，言葉に心くばりを添えよう。

相手の意向を尋ねる場合	「よろしければ」「お差し支えなければ」 「ご都合がよろしければ」「もしお時間がありましたら」 「もしお嫌いでなければ」「ご興味がおありでしたら」
相手に面倒を かけてしまうような場合	「お手数をおかけしますが」 「ご面倒をおかけしますが」 「お手を煩わせまして恐縮ですが」 「お忙しい時に申し訳ございませんが」 「お時間を割いていただき申し訳ありませんが」 「貴重なお時間を頂戴し恐縮ですが」
自分の都合を 述べるような場合	「こちらの勝手で恐縮ですが」 「こちらの都合（ばかり）で申し訳ないのですが」 「私どもの都合ばかりを申しまして，まことに申し訳なく存じますが」 「ご無理を申し上げまして恐縮ですが」
急な話をもちかけた場合	「突然のお願いで恐れ入りますが」 「急にご無理を申しまして」 「もっと早くにご相談申し上げるべきところでございましたが」 「差し迫ってのことでまことに申し訳ございませんが」
何度もお願いする場合	「たびたびお手数をおかけしまして恐縮に存じますが」 「重ね重ね恐縮に存じますが」 「何度もお手を煩わせまして申し訳ございませんが」 「ご面倒をおかけしてばかりで，まことに申し訳ございませんが」
難しいお願いをする場合	「ご無理を承知でお願いしたいのですが」 「たいへん申し上げにくいのですが」 「折り入ってお願いしたいことがございまして」
あまり親しくない相手に お願いする場合	「ぶしつけなお願いで恐縮ですが」 「ぶしつけながら」 「まことに厚かましいお願いでございますが」
相手の提案・誘いを断る場合	「申し訳ございませんが」 「（まことに）残念ながら」 「せっかくのご依頼ではございますが」 「たいへん恐縮ですが」 「身に余るお言葉ですが」 「まことに失礼とは存じますが」 「たいへん心苦しいのですが」 「お引き受けしたいのはやまやまですが」
問い合わせの場合	「つかぬことをうかがいますが」 「突然のお尋ねで恐縮ですが」

実践編
STEP 10 文章の書き方

ここでは文章の書き方における，一般的な敬称について言及している。はがき，手紙，メール等，通信手段はさまざま。それぞれの特性をふまえて有効活用しよう。

相手の気持ちになって見やすく美しく書こう

■敬称のいろいろ

敬称	使う場面	例
様	職名・役職のない個人	（例）飯田知子様／ご担当者様／経理部長　佐藤一夫様
殿	職名･組織名･役職のある個人(公用文など)	（例）人事部長殿／教育委員会殿／田中四郎殿
先生	職名・役職のない個人	（例）松井裕子先生
御中	企業・団体・官公庁などの組織	（例）○○株式会社御中
各位	複数あてに同一文書を出すとき	（例）お客様各位／会員各位

Point

封筒・はがきの表書き・裏書きは縦書きが基本だが，洋封筒で親しい人にあてる場合は，横書きでも問題ない。いずれにせよ，定まった位置に，丁寧な文字でバランス良く，正確に記すことが大切。特に相手の住所や名前を乱雑な文字で書くのは，配達の際の間違いを引き起こすだけでなく，受け取る側に不快な思いをさせる。相手の気持ちになって，見やすく美しく書くよう心がけよう。

■各通信手段の長所と短所

	長所	短所	用途
封書	・封を開けなければ本人以外の目に触れることがない。 ・丁寧な印象を受ける。	・多量の資料・画像送付には不向き。 ・相手に届くまで時間がかかる。	・儀礼的な文書(礼状・わび状など) ・目上の人あての文書 ・重要な書類 ・他人に内容を読まれたくない文書
はがき・カード	・封書よりも気軽にやり取りできる。 ・年賀状や季節の便り，旅先からの連絡など絵はがきとしても楽しむことができる。	・封に入っていないため，第三者の目に触れることがある。 ・中身が見えるので，改まった礼状やわび状，こみ入った内容には不向き。 ・相手に届くまで時間がかかる。	・通知状　・案内状 ・送り状　・旅先からの便り ・各種お祝い　・お礼 ・季節の挨拶
FAX	・手書きの図やイラストを文章といっしょに送れる。 ・すぐに届く。 ・控えが手元に残る。	・多量の資料の送付には不向き。 ・事務的な用途で使われることが多く，改まった内容の文書，初対面の人へは不向き。	・地図，イラストの入った文書 ・印刷物（本・雑誌など）
電話	・急ぎの連絡に便利。 ・相手の反応をすぐに確認できる。 ・直接声が聞けるので，安心感がある。	・連絡できる時間帯が制限される。 ・長々としたこみ入った内容は伝えづらい。	・緊急の用件 ・確実に用件を伝えたいとき
メール	・瞬時に届く。　・控えが残る。 ・コストが安い。 ・大容量の資料や画像をデータで送ることができる。 ・一度に大勢の人に送ることができる。 ・相手の居場所や状況を気にせず送れる。	・事務的な印象を与えるので，改まった礼状やわび状には不向き。 ・パソコンや携帯電話を持っていない人には送れない。 ・ウィルスなどへの対応が必要。	・データで送りたいとき ・ビジネス上の連絡

Point

はがきは手軽で便利だが，おわびやお願い，格式を重んじる手紙には不向きとなる。この種の手紙は内容もこみ入ったものとなり，加えて丁寧な文章で書かなければならないので，数行で済むことはまず考えられない。また，封筒に入っていないため，他人の目に触れるという難点もある。このように，はがきにも長所と短所があるため，使う場面や相手によって，他の通信手段と使い分けることが必要となる。

はがき以外にも，封書・電話・ＦＡＸ・メールなど，現代ではさまざまな通信手段がある。上に示したように，それぞれ長所と短所があるので，特徴を知って用途によって上手に使い分けよう。

実践編 STEP 11

電話応対

社会人のマナーとして，電話応対のスキルは必要不可欠。まずは失礼なく電話に出ることからはじめよう。積極性が重要だ。

相手の顔が見えない分
対応には細心の注意を

■電話をかける場合

① ○○先生に電話をする

×「私，□□社の××と言いますが，○○様はおられますでしょうか？」

○**「××と申しますが，○○様はいらっしゃいますか？」**

「おられますか」は「おる」を謙譲語として使うため，通常は相手がいるかどうかに関しては，「いらっしゃる」を使うのが一般的。

② 相手の状況を確かめる

×「こんにちは，××です，先日のですね…」

○**「××です，先日は有り難うございました，今お時間よろしいでしょうか？」**

相手が忙しくないかどうか，状況を聞いてから話を始めるのがマナー。また，やむを得ず夜間や早朝，休日などに電話をかける際は，「夜分（朝早く）に申し訳ございません」「お休みのところ恐れ入ります」などのお詫びの言葉もひと言添えて話す。

③ 相手が不在，何時ごろ戻るかを聞く場合

×「戻りは何時ごろですか？」

○**「何時ごろお戻りになりますでしょうか？」**

「戻り」はそのままの言い方，相手にはきちんと尊敬語を使う。

④ また自分からかけることを伝える

×「そうですか，ではまたかけますので」

○**「それではまた後ほど（改めて）お電話させていただきます」**

戻る時間がわかる場合は，「またお戻りになりましたころにでも」「また午後にでも」などの表現もできる。

■電話を受ける場合

①　電話を取ったら

×「はい，もしもし，○○（社名）ですが」

○**「はい，○○（社名）でございます」**

②　相手の名前を聞いて

×「どうも，どうも」

○**「いつもお世話になっております」**

あいさつ言葉として定着している決まり文句ではあるが，日頃のお付き合いがあってこそ。あいさつ言葉もきちんと述べよう。「お世話様」という言葉も時折耳にするが，敬意が軽い言い方となる。適切な言葉を使い分けよう。

③　相手が名乗らない

×「どなたですか？」「どちらさまですか？」

○**「失礼ですが，お名前をうかがってもよろしいでしょうか？」**

名乗るのが基本だが，尋ねる態度も失礼にならないように適切な応対を心がけよう。

④　電話番号や住所を教えてほしいと言われた場合

×「はい，いいでしょうか？」　×「メモのご用意は？」

○**「はい，申し上げます，よろしいでしょうか？」**

「メモのご用意は？」は，一見親切なようにも聞こえるが，尋ねる相手も用意していることがほとんど。押し付けがましくならない程度に。

⑤　上司への取次を頼まれた場合

×「はい，今代わります」　×「○○部長ですね，お待ちください」

○**「部長の○○でございますね，ただいま代わりますので，少々お待ちくださいませ」**

○○部長という表現は，相手側の言い方となる。自分側を述べる場合は，「部長の○○」「○○」が適切。

Point

自分から電話をかける場合は，まずは自分の会社名や氏名を名乗るのがマナー。たとえ目的の相手が直接出た場合でも，電話では相手の様子が見えないことがほとんど。自分の勝手な判断で話し始めるのではなく，相手の都合を伺い，そのうえで話を始めるのが社会人として必要な気配りとなる。

デキるオトナをアピール

時候の挨拶

月	漢語調の表現 候，みぎりなどを付けて用いられます	口語調の表現
1月 （睦月）	初春・新春　頌春・小寒・大寒・厳寒	皆様におかれましては，よき初春をお迎えのことと存じます／厳しい寒さが続いております／珍しく暖かな寒の入りとなりました／大寒という言葉通りの厳しい寒さでございます
2月 （如月）	春寒・余寒・残寒・立春・梅花・向春	立春とは名ばかりの寒さ厳しい毎日でございます／梅の花もちらほらとふくらみ始め，春の訪れを感じる今日この頃です／春の訪れが待ち遠しいこのごろでございます
3月 （弥生）	早春・浅春・春寒・春分・春暖	寒さもようやくゆるみ，日ましに春めいてまいりました／ひと雨ごとに春めいてまいりました／日増しに暖かさが加わってまいりました
4月 （卯月）	春暖・陽春・桜花・桜花爛漫	桜花爛漫の季節を迎えました／春光うららかな好季節となりました／花冷えとでも申しましょうか，何だか肌寒い日が続いております
5月 （皐月）	新緑・薫風・惜春・晩春・立夏・若葉	風薫るさわやかな季節を迎えました／木々の緑が日にまぶしいようでございます／目に青葉，山ほととぎす，初鰹の句も思い出される季節となりました
6月 （水無月）	梅雨・向暑・初夏・薄暑・麦秋	初夏の風もさわやかな毎日でございます／梅雨前線が近づいてまいりました／梅雨の晴れ間にのぞく青空は，まさに夏を思わせるようです
7月 （文月）	盛夏・大暑・炎暑・酷暑・猛暑	梅雨が明けたとたん，うだるような暑さが続いております／長い梅雨も明け，いよいよ本格的な夏がやってまいりました／風鈴の音がわずかに涼を運んでくれているようです
8月 （葉月）	残暑・晩夏・処暑・秋暑	立秋とはほんとうに名ばかりの厳しい暑さの毎日です／残暑たえがたい毎日でございます／朝夕はいくらかしのぎやすくなってまいりました
9月 （長月）	初秋・新秋・爽秋・新涼・清涼	九月に入りましてもなお，日差しの強い毎日です／暑さもやっとおとろえはじめたようでございます／残暑も去り，ずいぶんとしのぎやすくなってまいりました
10月 （神無月）	清秋・錦秋・秋涼・秋冷・寒露	秋風もさわやかな過ごしやすい季節となりました／街路樹の葉も日ごとに色を増しております／紅葉の便りの聞かれるころとなりました／秋深く，日増しに冷気も加わってまいりました
11月 （霜月）	晩秋・暮秋・霜降・初霜・向寒	立冬を迎え，まさに冬到来を感じる寒さです／木枯らしの季節になりました／日ごとに冷気が増すようでございます／朝夕はひときわ冷え込むようになりました
12月 （師走）	寒冷・初冬・師走・歳晩	師走を迎え，何かと慌ただしい日々をお過ごしのことと存じます／年の瀬も押しつまり，何かとお忙しくお過ごしのことと存じます／今年も残すところわずかとなりました，お忙しい毎日とお察しいたします

いますぐデキる
シチュエーション別会話例

シチュエーション1　取引先との会話

「非常に素晴らしいお話で感心しました」→NG！

「感心する」は相手の立派な行為や，優れた技量などに心を動かされるという意味。意味としては間違いではないが，目上の人に用いると，偉そうに聞こえかねない表現。「感動しました」などに言い換えるほうが好ましい。

シチュエーション2　子どもとの会話

「お母さんは，明日はいますか？」→NG！

たとえ子どもとの会話でも，子どもの年齢によっては，ある程度の敬語を使うほうが好ましい。「明日はいらっしゃいますか」では，むずかしすぎると感じるならば，「お出かけですか」などと表現することもできる。

シチュエーション3　同僚との会話

「今，お暇ですか 」→NG？

同じ立場同士なので，暇に「お」が付いた形で「お暇」ぐらいでも構わないともいえるが，「暇」というのは，するべきことも何もない時間という意味。そのため「お暇ですか 」では，あまりにも直接的になってしまう。その意味では「手が空いている」→「空いていらっしゃる」→「お手透き」などに言い換えることで，やわらかく敬意も含んだ表現になる。

シチュエーション4　上司との会話

「なるほどですね」→NG！

「なるほど」とは，相手の言葉を受けて，自分も同意見であることを表すため，相手の言葉・意見を自分が評価するというニュアンスも含まれている。そのため自分が評価して述べているという偉そうな表現にもなりかねない。同じ同意ならば，頷き「おっしゃる通りです」などの言葉のほうが誤解なく伝わる。

就活スケジュールシート

■年間スケジュールシート

1月	2月	3月	4月	5月	6月
企業関連スケジュール					
自己の行動計画					

就職活動をすすめるうえで，当然重要になってくるのは，自己のスケジュール管理だ。企業の選考スケジュールを把握することも大切だが，自分のペースで進めることになる自己分析や業界・企業研究，面接試験のトレーニング等の計画を立てることも忘れてはいけない。スケジュールシートに「記入」する作業を通して，短期・長期の両方の面から就職試験を考えるきっかけにしよう。

7月	8月	9月	10月	11月	12月
企業関連スケジュール					
自己の行動計画					

第4章

SPI対策

ほとんどの企業では，基本的な資質や能力を見極めるため適性検査を実施しており，現在最も使われているのがリクルートが開発した「SPI」である。
テストの内容は，「言語能力」「非言語能力」「性格」の３つに分かれている。その人がどんな人物で，どんな仕事で力を発揮しやすいのか，また，どんな組織になじみやすいかなどを把握するために行われる。
この章では，SPIの「言語能力」及び「非言語能力」の分野で，頻出内容を絞って，演習問題を構成している。
演習問題に複数回チャレンジし，解説をしっかりと熟読して，学習効果を高めよう。

SPI対策

●SPIとは

SPIは，Synthetic Personality Inventoryの略称で，株式会社リクルートが開発・販売を行っている就職採用向けのテストである。昭和49年から提供が始まり，平成14年と平成25年の2回改訂が行われ，現在はSPI3が最新になる。

SPIは，応募者の仕事に対する適性，職業の適性能力，興味や関心を見極めるのに適しており，現在の就職採用テストでは主流となっている。

SPIは，「知的能力検査」と「性格検査」の2領域にわけて測定され，知的能力検査は「言語能力検査（国語）」と「非言語能力検査（数学）」に分かれている。オプション検査として，「英語（ENG）検査」を実施することもある。性格適性検査では，性格を細かく分析するために，非常に多くの質問が出される。SPIの性格適性検査では，正式な回答はなく，全ての質問に正直に答えることが重要である。

本章では，その中から，「言語能力検査」と「非言語能力検査」に絞って収録している。

●SPIを利用する企業の目的

①：志望者から人数を絞る

一部上場企業にもなると，数万単位の希望者が応募してくる。基本的な資質能力や会社への適性能力を見極めるため，SPIを使って，人数の絞り込みを行う。

②：知的能力を見極める

SPIは，応募者1人1人の基本的な知的能力を比較することができ，それによって，受検者の相対的な知的能力を見極めることが可能になる。

③：性格をチェックする

その職種に対する適性があるが，300程度の簡単な質問によって発想力やパーソナリティを見ていく。性格検査なので，正解というものはなく，正直に回答していくことが重要である。

●SPIの受検形式

SPIは，企業の会社説明会や会場で実施される「ペーパーテスト形式」と，パソコンを使った「テストセンター形式」とがある。

近年，ペーパーテスト形式は減少しており，ほとんどの企業が，パソコンを使ったテストセンター形式を採用している。志望する企業がどのようなテストを採用しているか，早めに確認し，対策を立てておくこと。

●SPIの出題形式

SPIは，言語分野，非言語分野，英語（ENG），性格適性検査に出題形式が分かれている。

科目	出題範囲・内容
言語分野	二語の関係，語句の意味，語句の用法，文の並び換え，空欄補充，熟語の成り立ち，文節の並び換え，長文読解　等
非言語分野	推論，場合の数，確率，集合，損益算，速度算，表の読み取り，資料の読み取り，長文読み取り　等
英語（ENG）	同意語，反意語，空欄補充，英英辞書，誤文訂正，和文英訳，長文読解　等
性格適性検査	質問：300問程度　時間：約35分

●受検対策

本章では，出題が予想される問題を厳選して収録している。問題と解答だけではなく，詳細な解説も収録しているので，分からないところは複数回問題を解いてみよう。

言語分野

二語関係

同音異義語

●あいせき
哀惜　死を悲しみ惜しむこと
愛惜　惜しみ大切にすること
●いぎ
意義　意味・内容・価値
異議　他人と違う意見
威儀　いかめしい挙動
異義　異なった意味
●いし
意志　何かをする積極的な気持ち
意思　しようとする思い・考え
●いどう
異同　異なり・違い・差
移動　場所を移ること
異動　地位・勤務の変更
●かいこ
懐古　昔を懐かしく思うこと
回顧　過去を振り返ること
解雇　仕事を辞めさせること
●かいてい
改訂　内容を改め直すこと
改定　改めて定めること
●かんしん
関心　気にかかること
感心　心に強く感じること
歓心　嬉しいと思う心
寒心　肝を冷やすこと
●きてい
規定　規則・定め
規程　官公庁などの規則
●けんとう
見当　だいたいの推測・判断・めあて
検討　調べ究めること
●こうてい
工程　作業の順序
行程　距離・みちのり
●じき
直　すぐに
時期　時・折り・季節
時季　季節・時節
時機　適切な機会
●しゅし
趣旨　趣意・理由・目的
主旨　中心的な意味
●たいけい
体型　人の体格
体形　人や動物の形態
体系　ある原理に基づき個々のものを統一したもの
大系　系統立ててまとめた叢書
●たいしょう

対象　行為や活動が向けられる相手
対称　対応する位置にあること
対照　他のものと照らし合わせること

●たんせい

端正　人の行状が正しくきちんとしているさま
端整　人の容姿が整っているさま

●はんざつ

繁雑　ごたごたと込み入ること
煩雑　煩わしく込み入ること

●ほしょう

保障　保護して守ること
保証　確かだと請け合うこと
補償　損害を補い償うこと

●むち

無知　知識・学問がないこと
無恥　恥を知らないこと

●ようけん

要件　必要なこと
用件　なすべき仕事

同訓漢字

●あう

合う…好みに合う。答えが合う。
会う…客人と会う。立ち会う。
遭う…事故に遭う。盗難に遭う。

●あげる

上げる…プレゼントを上げる。効果を上げる。
挙げる…手を挙げる。全力を挙げる。
揚げる…凧を揚げる。てんぷらを揚げる。

●あつい

暑い…夏は暑い。暑い部屋。
熱い…熱いお湯。熱い視線を送る。
厚い…厚い紙。面の皮が厚い。
篤い…志の篤い人。篤い信仰。

●うつす

写す…写真を写す。文章を写す。
映す…映画をスクリーンに映す。鏡に姿を映す。

●おかす

冒す…危険を冒す。病に冒された人。
犯す…犯罪を犯す。法律を犯す。
侵す…領空を侵す。プライバシーを侵す。

●おさめる

治める…領地を治める。水を治める。
収める…利益を収める。争いを収める。
修める…学問を修める。身を修める。
納める…税金を納める。品物を納める。

●かえる

変える…世界を変える。性格を変える。
代える…役割を代える。背に腹は代えられぬ。

替える…円をドルに替える。服を替える。

●きく

聞く…うわさ話を聞く。明日の天気を聞く。

聴く…音楽を聴く。講義を聴く。

●しめる

閉める…門を閉める。ドアを閉める。

締める…ネクタイを締める。気を引き締める。

絞める…首を絞める。絞め技をかける。

●すすめる

進める…足を進める。話を進める。

勧める…縁談を勧める。加入を勧める。

薦める…生徒会長に薦める。

●つく

付く…傷が付いた眼鏡。気が付く。

着く…待ち合わせ場所の公園に着く。地に足が着く。

就く…仕事に就く。外野の守備に就く。

●つとめる

務める…日本代表を務める。主役を務める。

努める…問題解決に努める。療養に努める。

勤める…大学に勤める。会社に勤める。

●のぞむ

望む…自分の望んだ夢を追いかける。

臨む…記者会見に臨む。決勝に臨む。

●はかる

計る…時間を計る。将来を計る。

測る…飛行距離を測る。水深を測る。

●みる

見る…月を見る。ライオンを見る。

診る…患者を診る。脈を診る。

演習問題

1 カタカナで記した部分の漢字として適切なものはどれか。

1 手続きがハンザツだ 【汎雑】
2 誤りをカンカすることはできない 【観過】
3 ゲキヤクなので取扱いに注意する 【激薬】
4 クジュウに満ちた選択だった 【苦重】
5 キセイの基準に従う 【既成】

2 **下線部の漢字として適切なものはどれか。**

家で飼っている熱帯魚をかんしょうする。

1　干渉

2　観賞

3　感傷

4　勧奨

5　鑑賞

3 **下線部の漢字として適切なものはどれか。**

彼に責任をついきゅうする。

1　追窮

2　追究

3　追給

4　追求

5　追及

4 **下線部の語句について，両方とも正しい表記をしているものはどれか。**

1	私と母とは相生がいい。	・この歌を愛唱している。
2	それは規成の事実である。	・既製品を買ってくる。
3	同音異義語を見つける。	・会議で意議を申し立てる。
4	選挙の大勢が決まる。	・作曲家として大成する。
5	無常の喜びを味わう。	・無情にも雨が降る。

5 **下線部の漢字として適切なものはどれか。**

彼の体調はかいほうに向かっている。

1　介抱

2　快方

3　解放

4　回報

5　開放

○○○解答・解説○○○

1 5

解説 1 「煩雑」が正しい。「汎」は「汎用(はんよう)」などと使う。2 「看過」が正しい。「観」は「観光」や「観察」などと使う。 3 「劇薬」が正しい。「少量の使用であってもはげしい作用のするもの」という意味であるが「激」を使わないことに注意する。 4 「苦渋」が正しい。苦しみ悩むという意味で，「苦悩」と同意であると考えてよい。 5 「既成概念」などと使う場合もある。同音で「既製」という言葉があるが，これは「既製服」や「既製品」という言葉で用いる。

2 2

解説 同音異義語や同訓異字の問題は，その漢字を知っているだけでは対処できない。「植物や魚などの美しいものを見て楽しむ」場合は「観賞」を用いる。なお，「芸術作品」に関する場合は「鑑賞」を用いる。

3 5

解説 「ついきゅう」は,特に「追究」「追求」「追及」が頻出である。「追究」は「あることについて徹底的に明らかにしようとすること」，「追求」は「あるものを手に入れようとすること」，「追及」は「後から厳しく調べること」という意味である。ここでは,「責任」という言葉の後にあるので,「厳しく」という意味が含まれている「追及」が適切である。

4 4

解説 1の「相生」は「相性」,2の「規成」は「既成」,3の「意議」は「異議」，5の「無常」は「無上」が正しい。

5 2

解説 「快方」は「よい方向に向かっている」という意味である。なお，1は病気の人の世話をすること，3は束縛を解いて自由にすること，4は複数人で回し読む文書，5は出入り自由として開け放つ，の意味。

熟語

四字熟語

□曖昧模糊　あいまいもこ—はっきりしないこと。

□阿鼻叫喚　あびきょうかん—苦しみに耐えられないで泣き叫ぶこと。はなはだしい惨状を形容する語。

□暗中模索　あんちゅうもさく—暗闇で手さぐりでものを探すこと。様子がつかめずどうすればよいかわからないままやってみること。

□以心伝心　いしんでんしん—無言のうちに心から心に意思が通じ合うこと。

□一言居士　いちげんこじ—何事についても自分の意見を言わなければ気のすまない人。

□一期一会　いちごいちえ—一生のうち一度だけの機会。

□一日千秋　いちじつせんしゅう—一日会わなければ千年も会わないように感じられることから，一日が非常に長く感じられること。

□一念発起　いちねんほっき—決心して信仰の道に入ること。転じてある事を成就させるために決心すること。

□一網打尽　いちもうだじん—一網打つだけで多くの魚を捕らえることから，一度に全部捕らえること。

□一獲千金　いっかくせんきん—一時にたやすく莫大な利益を得ること。

□一挙両得　いっきょりょうとく—一つの行動で二つの利益を得ること。

□意馬心猿　いばしんえん—馬が走り，猿が騒ぐのを抑制できないことにたとえ，煩悩や欲望の抑えられないさま。

□意味深長　いみしんちょう—意味が深く含蓄のあること。

□因果応報　いんがおうほう—よい行いにはよい報いが，悪い行いには悪い報いがあり，因と果とは相応じるものであるということ。

□慇懃無礼　いんぎんぶれい—うわべはあくまでも丁寧だが，実は尊大であること。

□有為転変　ういてんぺん—世の中の物事の移りやすくはかない様子のこと。

□右往左往　うおうさおう—多くの人が秩序もなく動き，あっちへ行ったりこっちへ来たり，混乱すること。

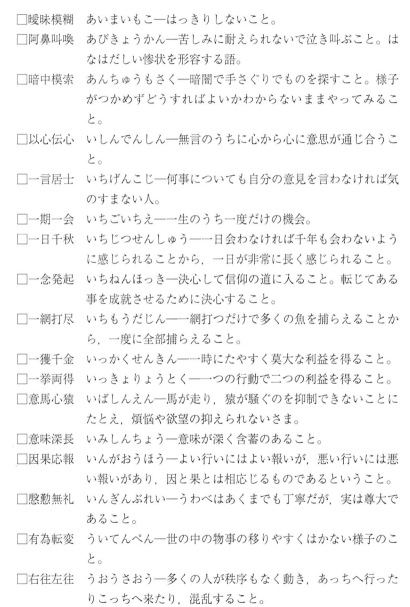

□右顧左眄　うこさべん—右を見たり，左を見たり，周囲の様子ばかりうかがっていて決断しないこと。

□有象無象　うぞうむぞう—世の中の無形有形の一切のもの。たくさん集まったつまらない人々。

□海千山千　うみせんやません—経験を積み，その世界の裏まで知り抜いている老獪な人。

□紆余曲折　うよきょくせつ—まがりくねっていること。事情が込み入って，状況がいろいろ変化すること。

□雲散霧消　うんさんむしょう—雲や霧が消えるように，あとかたもなく消えること。

□栄枯盛衰　えいこせいすい—草木が繁り，枯れていくように，盛んになったり衰えたりすること。世の中の浮き沈みのこと。

□栄耀栄華　えいようえいが—権力や富貴をきわめ，おごりたかぶること。

□会者定離　えしゃじょうり—会う者は必ず離れる運命をもつということ。人生の無常を説いたことば。

□岡目八目　おかめはちもく—局外に立ち，第三者の立場で物事を観察すると，その是非や損失がよくわかるということ。

□温故知新　おんこちしん—古い事柄を究め新しい知識や見解を得ること。

□臥薪嘗胆　がしんしょうたん—たきぎの中に寝，きもをなめる意で，目的を達成するのために苦心，苦労を重ねること。

□花鳥風月　かちょうふうげつ—自然界の美しい風景，風雅のこころ。

□我田引水　がでんいんすい—自分の利益となるように発言したり行動したりすること。

□画竜点睛　がりょうてんせい—竜を描いて最後にひとみを描き加えたところ，天に上ったという故事から，物事を完成させるために最後に付け加える大切な仕上げ。

□夏炉冬扇　かろとうせん—夏の火鉢，冬の扇のようにその場に必要のない事物。

□危急存亡　ききゅうそんぼう—危機が迫ってこのまま生き残れるか滅びるかの瀬戸際。

□疑心暗鬼　ぎしんあんき—心の疑いが妄想を引き起こして実際にはいない鬼の姿が見えるようになることから，疑心が起こると何でもないことまで恐ろしくなること。

□玉石混交　ぎょくせきこんこう—すぐれたものとそうでないものが入り混じっていること。

□荒唐無稽　こうとうむけい—言葉や考えによりどころがなく，とりとめもないこと。

□五里霧中　ごりむちゅう—迷って考えの定まらないこと。

□針小棒大　しんしょうぼうだい—物事を大袈裟にいうこと。

□大同小異　だいどうしょうい—細部は異なっているが総体的には同じであること。

□馬耳東風　ばじとうふう—人の意見や批評を全く気にかけず聞き流すこと。

□波瀾万丈　はらんばんじょう—さまざまな事件が次々と起き，変化に富むこと。

□付和雷同　ふわらいどう—一定の見識がなくただ人の説にわけもなく賛同すること。

□粉骨砕身　ふんこつさいしん—力の限り努力すること。

□羊頭狗肉　ようとうくにく—外見は立派だが内容がともなわないこと。

□竜頭蛇尾　りゅうとうだび—初めは勢いがさかんだが最後はふるわないこと。

□臨機応変　りんきおうへん—時と場所に応じて適当な処置をとること。

演習問題

1 「海千山千」の意味として適切なものはどれか。

1　様々な経験を積み，世間の表裏を知り尽くしてずる賢いこと

2　今までに例がなく，これからもあり得ないような非常に珍しいこと

3　人をだまし丸め込む手段や技巧のこと

4　一人で千人の敵を相手にできるほど強いこと

5　広くて果てしないこと

2 四字熟語として適切なものはどれか。

1 竜頭堕尾
2 沈思黙考
3 孟母断危
4 理路正然
5 猪突猛伸

3 四字熟語の漢字の使い方がすべて正しいものはどれか。

1 純真無垢　青天白日　疑心暗鬼
2 短刀直入　自我自賛　危機一髪
3 厚顔無知　思考錯誤　言語同断
4 異句同音　一鳥一石　好機当来
5 意味深長　興味深々　五里霧中

4 「一蓮托生」の意味として適切なものはどれか。

1 一味の者を一度で全部つかまえること。
2 物事が順調に進行すること。
3 ほかの事に注意をそらさず，一つの事に心を集中させているさま。
4 善くても悪くても行動・運命をともにすること。
5 妥当なものはない。

5 故事成語の意味で適切なものはどれか。

「塞翁(さいおう)が馬」

1 たいして差がない
2 幸不幸は予測できない
3 肝心なものが欠けている
4 実行してみれば意外と簡単
5 努力がすべてむだに終わる

○○○解答・解説○○○

1 1

解説 2は「空前絶後」，3は「手練手管」，4は「一騎当千」，5は「広大無辺」である。

2 2

解説 2の沈思黙考は，「思いにしずむこと。深く考えこむこと。」の意味である。なお，1は竜頭蛇尾(始めは勢いが盛んでも，終わりにはふるわないこと)，3は孟母断機(孟子の母が織りかけの織布を断って，学問を中途でやめれば，この断機と同じであると戒めた譬え)，4は理路整然(話や議論の筋道が整っていること)，5は猪突猛進(いのししのように向こう見ずに一直線に進むこと)が正しい。

3 1

解説 2は「単刀直入」「自画自賛」，3は「厚顔無恥」「試行錯誤」「言語道断」，4は「異口同音」「一朝一夕」「好機到来」，5は「興味津々」が正しい。四字熟語の意味を理解する際，どのような字で書かれているかを意識するとよい。

4 4

解説 「一蓮托生」は，よい行いをした者は天国に行き，同じ蓮の花の上に生まれ変わるという仏教の教えから，「(ことの善悪にかかわらず)仲間として行動や運命をともにすること」をいう。

5 2

解説 「塞翁が馬」は「人間万事塞翁が馬」と表す場合もある。1は「五十歩百歩」，3は「画竜点睛に欠く」，4は「案ずるより産むが易し」，5は「水泡に帰する」の故事成語の意味である。

語の使い方

文法

Ⅰ　品詞の種類

- 単語
  - 自立語
    - 活用しない
      - 主語となる（体言）……名詞
      - 主語とならない
        - 修飾する
          - 用言を修飾……副詞
          - 体言を修飾……連体詞
        - 修飾しない……接続詞・感動詞
    - 活用する（用言）……動詞・形容詞・形容動詞
  - 付属語
    - 活用する……助動詞
    - 活用しない……助詞

Ⅱ　動詞の活用形

活用	基本	語幹	未然	連用	終止	連体	仮定	命令
五段	読む	読	ま　も	み	む	む	め	め
上一段	見る	見	み	み	みる	みる	みれ	みよ
下一段	捨てる	捨	て	て	てる	てる	てれ	てよ てろ
カ変	来る	来	こ	き	くる	くる	くれ	こい
サ変	する	す	さ　し せ	し	する	する	すれ	せよ しろ
	主な接続語		ナイ ウ・ ヨウ	マス テ・タ	言い 切る	コト トキ	バ	命令

Ⅲ　形容詞の活用形

基本	語幹	未然	連用	終止	連体	仮定	命令
美しい	うつく し	かろ	かっ く	い	い	けれ	○
主な用法		ウ	ナル タ	言い 切る	体言	バ	

Ⅳ　形容動詞の活用形

基本	語幹	未然	連用	終止	連体	仮定	命令
静かだ	静か	だろ	だっ　で に	だ	な	なら	○
主な用法		ウ	タ アル ナル	言い 切る	体言	バ	

V　文の成分

主語・述語の関係………花が ― 咲いた。
修飾・被修飾の関係……きれいな ― 花。
接続の関係………………花が咲いたので，花見をした。
並立の関係………………赤い花と白い花。
補助の関係………………花が咲いている。（二文節で述語となっている）

〈**副詞**〉自立語で活用せず，単独で文節を作り，多く連用修飾語を作る。
状態を表すもの…………ついに・さっそく・しばらく・ぴったり・すっかり
程度を表すもの…………もっと・すこし・ずいぶん・ちょっと・ずっと
陳述の副詞………………決して～ない・なぜ～か・たぶん～だろう・もし～ば

〈**助動詞**〉付属語で活用し，主として用言や他の助動詞について意味を添える。
① 使役……せる・させる（学校に行かせる　服を着させる）
② 受身……れる・られる（先生に怒られる　人に見られる）
③ 可能……れる・られる（歩いて行かれる距離　まだ着られる服）
④ 自発……れる・られる（ふと思い出される　容態が案じられる）
⑤ 尊敬……れる・られる（先生が話される　先生が来られる）
⑥ 過去・完了……た（話を聞いた　公園で遊んだ）
⑦ 打消……ない・ぬ（僕は知らない　知らぬ存ぜぬ）
⑧ 推量……だろう・そうだ（晴れるだろう　晴れそうだ）
⑨ 意志……う・よう（旅行に行こう　彼女に告白しよう）
⑩ 様態……そうだ（雨が降りそうだ）
⑪ 希望……たい・たがる（いっぱい遊びたい　おもちゃを欲しがる）
⑫ 断定……だ（悪いのは相手の方だ）
⑬ 伝聞……そうだ（試験に合格したそうだ）
⑭ 推定……らしい（明日は雨らしい）
⑮ 丁寧……です・ます（それはわたしです　ここにあります）
⑯ 打消推量・打消意志……まい（そんなことはあるまい　けっして言うまい）

〈**助詞**〉付属語で活用せず，ある語について，その語と他の語との関係を補助したり，意味を添えたりする。

① 格助詞……主として体言に付き，その語と他の語の関係を示す。
→が・の・を・に・へ・と・から・より・で・や

② 副助詞……いろいろな語に付いて，意味を添える。
→は・も・か・こそ・さえ・でも・しか・まで・ばかり・だけ・など

③ 接続助詞……用言・活用語に付いて，上と下の文節を続ける。
→ば・けれども・が・のに・ので・ても・から・たり・ながら

④ 終助詞……文末（もしくは文節の切れ目）に付いて意味を添える。
→なあ（感動）・よ（念押し）・な（禁止）・か（疑問）・ね（念押し）

演習問題

1 次のア～オのうち，下線部の表現が適切でないものはどれか。

1 彼はいつもまわりに愛嬌をふりまいて，場を和やかにしてくれる。
2 的を射た説明によって，よく理解することができた。
3 舌先三寸で人をまるめこむのではなく，誠実に説明する。
4 この重要な役目は，彼女に白羽の矢が当てられた。
5 二の舞を演じないように，失敗から学ばなくてはならない。

2 次の文について，言葉の用法として適切なものはどれか。

1 矢折れ刀尽きるまで戦う。
2 ヘルプデスクに電話したが「分かりません」と繰り返すだけで取り付く暇もなかった。
3 彼の言動は肝に据えかねる。
4 彼は証拠にもなく何度も賭け事に手を出した。
5 適切なものはない。

3 下線部の言葉の用法として適切なものはどれか。

1 彼はのべつ暇なく働いている。
2 あの人の言動は常軌を失っている。
3 彼女は熱に泳がされている。
4 彼らの主張に対して間髪をいれずに反論した。
5 彼女の自分勝手な振る舞いに顔をひそめた。

4 次の文で，下線部が適切でないものはどれか。

1 ぼくの目標は，兄より早く走れるようになることです。

2 先生のおっしゃることをよく聞くのですよ。

3 昨日は家で本を読んだり，テレビを見ていました。

4 風にざわめく木々は，まるで私たちにあいさつをしているようだった。

5 先生の業績については，よく存じております。

5 下線部の言葉の用法が適切でないものはどれか。

1 急いては事を仕損じるので，マイペースを心がける。

2 彼女は目端が利く。

3 世知辛い世の中になったものだ。

4 安全を念頭に置いて作業を進める。

5 次の試験に標準を合わせて勉強に取り組む。

○○○解答・解説○○○

1 4

解説 1の「愛嬌をふりまく」は，おせじなどをいい，明るく振る舞うこと，2の「的を射る」は的確に要点をとらえること，3の「舌先三寸」は口先だけの巧みに人をあしらう弁舌のこと，4はたくさんの中から選びだされるという意味だが，「白羽の矢が当てられた」ではなく，「白羽の矢が立った」が正しい。5の「二の舞を演じる」は他人がした失敗を自分もしてしまうという意味である。

2 5

解説 1「刀折れ矢尽きる」が正しく，「なす術がなくなる」という意味である。 2 話を進めるきっかけが見つからない。すがることができない，という意味になるのは「取り付く島がない」が正しい。 3 「言動」という言葉から，「我慢できなくなる」という意味の言葉を使う必要がある。「腹に据えかねる」が正しい。 4 「何度も賭け事に手を出した」という部分から「こりずに」という意味の「性懲りもなく」が正しい。

3 4

解説 1「のべつ幕なしに」，2は「常軌を逸している」，3は「熱に浮かされている」，5は「眉をひそめた」が正しい。

4 3

解説 3は前に「読んだり」とあるので，後半も「見たり」にしなければならないが，「見ていました」になっているので表現として適当とはいえない。

5 5

解説 5は，「狙う，見据える」という意味の「照準」を使い，「照準を合わせて」と表記するのが正しい。

文章の並び替え

演習問題

1 次の文章を意味が通るように並べ替えたとき，順番として最も適切なものはどれか。

A　読書にしたしむ工夫の一つは，自分に興味のあるもの，いや，読み出したらご飯を食べるのも忘れるほど興味のある本をまず読むことです。そんな本を見つけ出せというと，大変むつかしい注文のように聞こえるけれども，決してそうではない。健康な中学生，高校生なら世界の名作といわれるものの必ずしも全部ではないが，その半分，あるいはその三分の一くらいの文学作品には，必ず強い興味をひかれるはずだと思うのです。

B　面白い長篇小説を読み上げると，きっと人に話したくなるものですが，友だちにすすめてこれを読ませ，仲間で討論会—それほどむつかしく考えなくてもいいけれども，ここは面白かった，あそこの意味はよくわからなかった，というような話合いをすること，これが第二の手だてです。手だてというとかた苦しいが，読後の感想を，気心の知れた友達と語り合うということは，なかなか楽しいことなのです。話合うクセがつくと，読んだことも頭と心に深くしみ込むし，また次の本を読みたい気持もそそられてくるに違いありません。

C　自分の好きな本を見つけて，読み上げる。そういうことを何回も重ねてゆくということが第一の手だてです。そうするうちに本を読むスピードも自然に早くなるし，また自分は大きな本でも読みあげる力があるという自信がつきます。すべての人間のすることは，ぼくにはこれがやれる，という自信をもってやらなければ，うまく成功しないものですが，読書もまた同じことで，自分の読書力についての自信を強めることが第一です。そのためには若い諸君は，文学ならおもしろい長篇小説，たとえばスタンダールの『赤と黒』だとか，トルストイの『復活』だとか，あの程度の長さの名作を読むことをおすすめします。

（『私の読書遍歴』桑原武夫著）

1　A－B－C
2　A－C－B
3　B－C－A

4　C－B－A
5　C－A－B

2 **次の文章中の（　　）内に，あとのア～キの7つの文を並べ替えて入れると意味の通った文章になる。並べ方の最も適切なものはどれか。**

以上は，わたしが読む人間から書く人間へ変化していった過程である。わたしの精神が読む働きから書く働きへ移っていったコースである。もちろん，（　　　　　）特別の天才は別として，わたしたちは，多量の精神的エネルギーを放出しなければ，また，精神の戦闘的な姿勢がなければ，小さな文章でも書くことはできないのである。

ア　それに必要な精神的エネルギーの量から見ると，書く，読む，聞く……という順でしだいに減っていくようである。
イ　すなわち，読むという働きがまだ受動的であるのに反して，書くという働きは完全に能動的である。
ウ　しかし，書くという働きに必要なエネルギーは読むという働きに必要なエネルギーをはるかに凌駕する。
エ　そこには，精神の姿勢の相違がある。
オ　読むという働きは，聞くという働きなどに比べれば多量のエネルギーを必要とする。
カ　同様に精神の働きではあるが，一方はかなりパッシブであり，他方は極めてアクチブである。
キ　更に考えてみると，読む働きと書く働きとの間には，必要とするエネルギーの大小というだけでなく，もっと質的な相違があると言わねばならない。

1　ア－ウ－オ－キ－エ－イ－カ
2　オ－ウ－ア－キ－エ－イ－カ
3　オ－イ－カ－ウ－ア－キ－エ
4　エ－オ－ウ－イ－カ－キ－ア
5　オ－ア－イ－カ－ウ－キ－エ

3 **次の文章の並べ替え方として最も適切なものはどれか。**

A　マジックの番組かと思ったらそうではなかった。政治討論の番組であり，声を荒らげていたのは，年金の記録が不明確になってしまったものの表現について話している途中の部分だった。
B　政府側からみれば，「消えた」のではなく，誰に払うべきか分からなくなってしまったものであるから，「宙に浮いた」と表現したいといったところか。

C　要するにどの立場に立つかによって表現の仕方は変わるのである。逆に言えば，どの表現を用いているかをみれば，その人が，どの立場で，誰の味方となって発言しているかが分かるのである。

D　もらえなかった人にとっては，「消えた」という表現がぴったりであろう。自分が信じて払い，受給する権利がなくなってしまうのであるから，それ以上の表現はない。

E　テレビをつけたままで仕事をしていたら，「消えたのではなく宙に浮いたのだ」と誰かが声を荒らげていた。

1　E－C－A－D－B
2　E－B－D－A－C
3　E－A－D－C－B
4　E－A－D－B－C
5　E－B－D－C－A

○○○解答・解説○○○

1　2

解説　Cに「第一の手だて」，Bに「第二の手だて」とあるので，C，Bという順番はわかるだろう。Aをどこに置くかで悩むかもしれないが，Cに「自分の好きな本を見つけて」とあり，これがAの「興味のある本を見つけ出すことは決して難しいことではない」という内容につながっていると考えられる。よって，Cの前にAが来ると考えられる。

2　2

解説　出典は清水幾太郎の『論文の書き方』ある。文章を整序する問題は，指示語や接続語に注意しながら，文意が通るように並べ替えていくことが大切である。この問題の場合，選択肢をヒントととらえると「もちろん」の直後には「ア・エ・オ」のいずれかが入ることがわかる。アは「それに必要な精神的エネルギーの量から見ると……」という文になっているので，文頭の「それに」は接続詞ではなく「それ（代名詞）＋に（助詞）」の指示語ととらえられる。そうすると，「もちろん」の直後に入れた場合文意が通らなくなるので，アで始まっている1は誤りとして消去できる。同様にエも「そこ」に注目すると文意が通らないことがわかるので, 4も消去できる。オは文意が通るので2・3・5について検討していけばよいことになる。したがってオの後ろには「ア・イ・ウ」のいずれかが入ることがわかる。それぞれをあてはめていくと, 逆接の接続詞「しかし」で始まっているウが最も文意が通ることに気づく。そうなると2しか残らない。2の順番どおりに読み進めていき, 流れがおかしくないかどうか検討し, おかしくなければ正答とみなすことができる。よって, 正答は2。

3 4

解説 作問者による書き下ろし。「発端」「発端についての説明」「まとめ」といった構成になっている。「発端」はEであり, 「まとめ」の部分についてはCが該当する。「発端についての説明」については, Aにおいてテレビから聞こえた内容を明らかにし,「消えた」とする立場 (D),「宙に浮いた」とする立場 (B) からそれぞれ説明している。

長文読解

演習問題

1 次の文章の内容と一致するものはどれか。

そもそも神学というものは一般に何かある特定の宗教の信仰内容を論理的な教義に組織したものであります。どういう宗教でも伝道ということを意図する以上は，人を説得するために必ずそういう神学をもたざるをえない。世界的宗教というような，そういう一般人類に通ずる宗教ということを標榜する宗教においては，必ずその宗教を他に伝える伝道ということがその任務に属している。ところで伝道とは，言葉で人に語って，人を説得することをいうわけだから，そこにおのずから論理的に思考し論証するということがなければならなくなる。論理的ということは，そういう場合には論証的，推論的ということになる。ただわれわれが物を考えるというだけならば必ずしも論理的とはいわれない。（略）論理的ということは推論的ということである。ヘーゲルが論理的というのはそういう推論的という意味です。

1　ヘーゲルのいう推論は，論理性を離れたものを前提としている。

2　世界宗教の開祖は，自らの教義の確立の時点において，神学の構築を意識していた。

3　私たちの思考は，必然的に論理的なものになりうる。

4　論理的であることと，推論的であることは，互いに深い繋がりがある。

5　宗教的な信仰は，純粋な感情を出発点にするので，論理による説得にはなじまない。

2 次の文の空欄に入る語句として，最も適切なものはどれか。

自分がその真只中を生きている老いがある一方には，まだ若い年齢で遠くから眺めている老いというものもあります。老化の進行する具体的体験を持たぬ分だけ，それはいわば観念としての老いであり，観察対象としての老いであるかもしれない。しかし見方によっては，そこに老人自身が描くのとは異なった老いの客観像が浮かび出ているとも言えるでしょう。

文学作品の場合，もし若くして老年や老人を描くとしたら，その中に特別の意味が隠されているように思われます。自らが渦中にある老いを捉えた優れた小説に切実なリアリティーが宿るのは確かですが，（　　　）には，また別の，いわば思念としての切実さやリアリティーが孕まれているのではないでしょうか。人の生涯を遠望した上で，その終りに近い老年に託されたものの姿が垣間見えると考えられるからです。

1　当事者の立場から感じられる老い
2　傍観者として眺められた老い
3　距離を置いて眺められた老い
4　実体験に基づいた老い
5　想像力のみによってとらえられた老い

3　次の文章の要旨として正しいものはどれか。

私たちは，日常の生活の中で話したり聞いたり，書いたり読んだりしている。すなわち，言語行動は日常生活の中におり込まれている。ちょっと考えてみても，朝起きると新聞を「読む」，出かける前に天気予報を「聞く」，店先で買い物をしたり，役所の窓口で手つづきをしたりするときは「言う」あるいは「話す」，遠くの人に用事があれば手紙を「書く」。――こうした言語行動は，そのことだけ切りはなされていとなまれるのではなく，いろいろな目的を持ち，さまざまの結果につながっている。新聞を読むことによって知識を得たり教養をつんだり，そこから自分の生活の方針を考えたりすることができる。天気予報を聞くのは，傘を用意するかしないか，遠方へ出かけるかどうか，これからの行動を決行することに関係する。店先で買物をするとき店員と話したり，銀行の窓口でものを言ったりすることは，何よりも切実な〈経済生活〉を遂行するためには不可欠のことである。

こんな例からもわかるように，言語行動は日常生活の中に位置して，その重要な部分をなしている。家庭であろうと，店先であろうと，学校であろうと，オフィスであろうと，はたまた，駅であろうと，路上であろうと，人と人との寄り合うところには，必ず言語行動が行われる。

1　言語には「話す」「聞く」「書く」「読む」の4つの側面がある。
2　話し言葉，書き言葉にはそれぞれの役割がある。
3　言語を駆使できないと，社会生活に支障をきたす。
4　人間が社会生活を営めるのは言語を持っているからだ。
5　社会生活にとって，言語は不可欠である。

4 次の文章中で筆者が友人たちに対して感じた「よそよそしさ」の原因と考えられるものはどれか。

一九五八年，おそらく戦後はじめての大がかりな規模の日本古美術欧州巡回展が開催されたことがある。当時パリに留学中であった私は，思いがけなく，日本でもそう容易に見ることのできない数多くの故国の秘宝と直接異国で接する機会を得たわけだが，その時，フランス人の友人たちと何回か会場を廻りながら，私は大変興味深い体験を味わった。

それは，同じ作品を前にしながら，フランスの友人たちの反応の仕方と私自身のそれとのあいだに微妙な喰い違いのあるのに気づかされたことである。といってそれは，彼らが必ずしも日本美術に無理解だというのではない。私の通っていたパリの美術研究所の優秀な仲間で，東洋美術についてかなり深い知識を持っている人でも事情は同じなのである。一般的に言って，彼らの作品評価はおおむね正当である。おおむね正当でありながら，ほんのわずかのところでわれわれ日本人と喰い違っている。そのほんのわずかの喰い違いというのが私には意味深いことのように思われたのである。

そのことはおそらく，その古美術展の会場で，私がフランス人の友人たちに対し，例えば，ルーヴル美術館をいっしょに見る時などには決して感じたことのないような一種のよそよそしさを感じたことと無縁ではないに違いない。平素は何の気がねもなくつきあっている気心の知れた友人たちが雪舟や等伯の作品を前にしていると，ほとんどそれと気づかないくらいわずかながら，私から距離が遠くなったように感じられたのである。それはあるいは，私ひとりの思い過ごしであったのかもしれない。われわれのあいだで会話は平素と少しも変った調子を響かせなかったし，友人たちの方でも何ら変った態度を見せたわけではない。いやおそらくそういう私自身にしても，外から見たかぎりではまったくふだんと同じであったろう。しかもそれでいて私が彼らに対して漠然とながら一種のよそよそしさを覚えたとしたら，それはいったい何を物語っていたのだろう。

1 日本古美術に対する友人たちの無関心
2 雪舟や等伯に対する友人たちの無関心
3 雪舟や等伯に対する友人たちの違和感
4 日本画に対する友人たちの不見識
5 友人たちの自国（フランス）の文化に対する優越感

5 次の文章の下線部はどのようなことを指しているか。

珠算での計算において，ソロバンの珠の動かし方そのものは単純である。数時間もあれば，そのやり方を学ぶことができる。そこで，その後の珠算塾での「学習」は，もっぱら計算（珠の操作）が速くなることに向けられる。一定時間内に，桁数の大きい数の計算がどのくらいたくさん誤りなくできるかによって珠算の「実力」が評価され，「級」や「段」が与えられる。子どもたちは，より上の級に上がるため，珠算での計算の速度を速めるよう練習をくり返すのである。

そこでは多くの場合，なぜこのやり方はうまくいくのか，このステップはどんな意味をもっているのか，などを考えてみようとはしないであろう。教えられたやり方を使って計算しさえすれば，正しい答えがちゃんと出てくるし，何度もくり返し練習すれば確実に速くなる。そして望み通り，級も上へと進むことができるのである。したがって，珠算での熟達者は，計算は非常に速いが，珠算の手続きの本質的意味については理解していない，ということが起こりやすい。

1　教えられたやり方を疑ってみること
2　なぜ珠算が熟達したのかと考えてみること
3　なぜ珠算を練習する必要があるのかということ
4　珠算の各ステップはどんな意味を持っているのかということ
5　珠算の習熟には計算能力の向上以外の意義があるということ

6 次の文の要旨として，正しいものはどれか。

法律では，十八歳になると誰でも自分の生き方を選ぶ権利がある，ということになっている。つまり法律上誰でも「自由」を保証される。でもここには原則がある。

近代社会では，人が「自由」を保証されるのは，人間が生まれつき自由だから，というのではぜんぜんありません。十八歳くらいになれば，他人の自由を尊重することができ，万一誰かの自由を損なったらきちんとそれを償う能力があるはずだ，ということです。他人の自由を尊重し，守れる能力がある，そのことで，はじめて人は「自由」と「人権」を保証される。そういう原則になっている。それが「自由の相互承認」ということです。

こう言うと，「だったら身障者の人たちはどうなるんだ」という人もいるでしょう。たしかにそうで，知力や身体性に難があるために，他人の自由を損なったとき，それを補償する能力をもたない人もいるが，そういう人には人権はないのか，と。

これは責任と義務を共有できる人間どうしで，そういう人の自由と権利も確保しようという合意を取り決めているのです。誰でも自分の家族にそういうハンデある人を身内としてもつ可能性があるわけですから。

1　18歳未満の子供には，自由と人権は与えてはならない。
2　どんな人にでも，自由と人権は無条件で保証されるべきだ。
3　近代社会では18歳になれば，だれにでも自由は与えられる。
4　自由と人権を獲得するには，責任能力を持つ必要がある。
5　障害者の人たちには，自由と人権は与えられていない。

7　次の文章の内容として一致しているものはどれか。

多くの場合，「批判」という言葉を聞いて連想することは，「相手を攻撃する」などといったイメージである。しかしながら，批判とは，本来，検討を充分に加えた上で批評するものであり，また，「批判」と訳されるドイツ語のクリティークは，「よいものを選び取る」というニュアンスが強い。いずれにしても，相手を感情的に攻撃することとは，似て非なるものであるといえよう。

かつて，シュンペーターという経済学者は，同時代に活躍した経済学者であるケインズについて，真っ向から異なる見解を述べながら批評を続けた。一方，ケインズが亡くなった後に書いた追悼論文では，異なる見解を述べることを控えつつ，亡き学者の実績と学説を細部にいたるまでまとめ上げた。私達は，ここに本来あるべき批判の姿勢をみることができる。

自らと異なる見解を持つ者に感情をぶつけることは本当の意味での批判でなく，ましてや学問のあるべき姿勢にはなじまない。異なる見解だからこそ，詳細に検討し，誤りと考える部分をその根拠を挙げながら論理的に指摘し，筋道立てて自説を展開しければならない。

1　批判の出発点は，相手を攻撃することである。
2　ドイツ語のクリティークという概念こそ，批判の対象となるべきものである。
3　ケインズとシュンペーターは，互いの経済学説について激しい論争を繰り広げた。
4　ケインズについて述べたシュンペーターによる追悼論文には，詳細な研究の跡が反映されていた。
5　学者にとって批判精神は命そのものであり，批判の型も個性的なものでなければならない。

○○○解答・解説○○○

1 4

解説 藤田正勝編『哲学の根本問題 数理の歴史主義展開』P69より。1　最後の一文と一致しない。　2　宗教の開祖についての言及はない。3「ただわれわれが物を考えるというだけならば必ずしも論理的とはいわれない。」の部分と一致しない。　4　正しい。「論理的ということは，そういう場合には論証的，推論的ということになる。」という部分の主旨と一致する。　5　伝道の際に，人々を説得するために，信仰内容を論理的な教義に組織した神学が不可欠であるとしている。

2 3

解説 黒井千次『老いるということ』。　1　適切でない。空欄直前の「自らが渦中にある老いを捉えた優れた小説に切実なリアリティーが宿るのは確かですが」と矛盾する。空欄には，高齢者の立場から老いを論じる態度を表す語句は入らない。　2　適切でない。「傍観者」という言葉では，老いに対する関心が希薄な意味合いに受け取られる。　3　適切。まだ高齢者ではない人の視点から老いの本質を客観的に分析する態度を指している。　4　適切でない。設問が要求しているのは，自分自身が老いをまだ経験していないという前提に基づいている語句である。　5　適切でない。空欄後の「切実さやリアリティー」と矛盾する。想像力だけでは老いの本質をとらえるには不十分。

3 5

解説 金田一春彦『話し言葉の技術』。　1　言語の持つ4つの側面について，筆者は例を挙げて説明しているが，設問文の要旨としては不十分。2　設問文は，話し言葉と書き言葉の役割について述べた文ではない。言語の性質について論じている。　3　日本に住む外国人が，必ずしも日本語を駆使できなくても暮らしていけるように，言語を駆使できるレベルでなくても社会生活を営むことはできる。また言語を駆使できないと生活に支障をきたすとは，どういうことかについての具体的な記述がない。4　人間以外の動物も仲間とコミュニケーションをとり，社会生活を営んでいる。　5　正しい。私たちが社会生活を営む際に，言語を用いないですませるということはまったく考えられない。

4 3

解説 高階秀爾『日本近代美術史論』。雪舟，（長谷川）等伯は，ともに日本を代表する水墨画家である。雪舟は室町時代，等伯は安土桃山時代に活躍した。雪舟の代表作は「四季山水図」，等伯の代表作は「松林図屏風」である。　1　友人たちが日本古美術に対してまったく関心がないのなら，筆者に同行することはあり得ない。　2　友人たちは，雪舟や等伯の作品に対して大いに関心を持っていた。　3　正しい。友人たちのよそよそしさは，雪舟と等伯の作品に対する言葉では言い表せない違和感が原因と考えられる。　4　日本画に対する不見識とはあまりにも的外れである。　5　友人たちが，自国の文化に対する優越感のせいで，雪舟や等伯を理解できなかったとはまったく考えられない。

5 4

解説 稲垣佳世子・波多野誼余夫『人はいかに学ぶか』。この文章の要旨は，「珠算塾では計算（珠の操作）が速くなることを練習する。子どもたちの目的も，速く誤りなく計算し，上の級に上がることである。そこでは多くの場合，なぜこのやり方はうまくいくのか，このステップはどんな意味をもっているのかなどを考えてみようとはしないであろう。」ということ。「珠算の手続き」とは珠の動かし方であり，桁のくり上がりやくり下がりなど，「この問題のときはこの動かし方」という練習して覚えた各ステップのこと。「珠算の手続きの本質的意味」とは，「なぜ珠をそのように動かすのか」，「この手続きは数学的にどのような意味をもつのか」ということである。よって，正答は4。

6 4

解説 竹田青嗣『中学生からの哲学「超」入門』より。　1　18歳になれば法律上自由に生き方を選択する権利があるが，18歳未満の子供に自由や人権がまったくないということではない。　2　本文は近代社会において人が自由と人権を得るための条件について論じている。無条件ということではない。　3　18歳になれば法律上誰でも自由を保証されるのであって，無条件で自由になれるわけではない。　4　正しい。自分の行動に責任が持てるようになって初めて自由と人権が与えられる。その目安を法律は18歳と定めている。　5　障害者にも自由と人権が保証される。現代社会では，障害者に責任能力がないという理由で，自由や人権が与えられないということは現実的ではない。

7 4

解説 1 批判とは，本来は，検討を十分に加えるものであるとの記述がある。 2 ドイツ語のクリティークについては，むしろ肯定的に捉えられている。 3 ケインズがシュンペーターを批判したとの記述はない。 4 正しい。第2段落の内容と一致している。 5 批判精神そのものを重視する記述や，批判の型が個性的であるべきという記述はない。

非言語分野

計算式・不等式

演習問題

1 分数$\frac{30}{7}$を小数で表したとき，小数第100位の数字として正しいものはどれか。

1　1　　2　2　　3　4　　4　5　　5　7

2 $x=\sqrt{2}-1$のとき，$x+\frac{1}{x}$の値として正しいものはどれか。

1　$2\sqrt{2}$　　2　$2\sqrt{2}-2$　　3　$2\sqrt{2}-1$　　4　$3\sqrt{2}-3$
5　$3\sqrt{2}-2$

3 360の約数の総和として正しいものはどれか。

1　1060　　2　1170　　3　1250　　4　1280　　5　1360

4 $\frac{x}{2}=\frac{y}{3}=\frac{z}{5}$のとき，$\frac{x-y+z}{3x+y-z}$の値として正しいものはどれか。

1　-2　　2　-1　　3　$\frac{1}{2}$　　4　1　　5　$\frac{3}{2}$

5 $\frac{\sqrt{2}}{\sqrt{2}-1}$の整数部分を$a$，小数部分を$b$とするとき，$a\times b$の値として正しいものは次のうちどれか。

1　$\sqrt{2}$　　2　$2\sqrt{2}-2$　　3　$2\sqrt{2}-1$　　4　$3\sqrt{2}-3$
5　$3\sqrt{2}-2$

6 $x=\sqrt{5}+\sqrt{2}$，$y=\sqrt{5}-\sqrt{2}$のとき，x^2+xy+y^2の値として正しいものはどれか。

1　15　　2　16　　3　17　　4　18　　5　19

7 $\dfrac{\sqrt{2}}{\sqrt{2}-1}$の整数部分を$a$，小数部分を$b$とするとき，$b^2$の値として正しいものはどれか。

1　$2-\sqrt{2}$　　2　$1+\sqrt{2}$　　3　$2+\sqrt{2}$　　4　$3+\sqrt{2}$

5　$3-2\sqrt{2}$

8 ある中学校の生徒全員のうち，男子の7.5%，女子の6.4%を合わせて37人がバドミントン部員であり，男子の2.5%，女子の7.2%を合わせて25人が吹奏楽部員である。この中学校の女子全員の人数は何人か。

1　246人　　2　248人　　3　250人　　4　252人　　5　254人

9 連続した3つの正の偶数がある。その小さい方2数の2乗の和は，一番大きい数の2乗に等しいという。この3つの数のうち，最も大きい数として正しいものはどれか。

1　6　　2　8　　3　10　　4　12　　5　14

○○○解答・解説○○○

1 5

解説　実際に30を7で割ってみると，

$\dfrac{30}{7}=4.28571428571$……となり，小数点以下は，6つの数字"285714"が繰り返されることがわかる。$100\div6=16$余り4だから，小数第100位は，"285714"のうちの4つ目の"7"である。

2 1

解説　$x=\sqrt{2}-1$を$x+\dfrac{1}{x}$に代入すると，

$$x+\frac{1}{x}=\sqrt{2}-1+\frac{1}{\sqrt{2}-1}=\sqrt{2}-1+\frac{\sqrt{2}+1}{(\sqrt{2}-1)(\sqrt{2}+1)}$$

$$=\sqrt{2}-1+\frac{\sqrt{2}+1}{2-1}$$

$$=\sqrt{2}-1+\sqrt{2}+1=2\sqrt{2}$$

3 2

解説 360を素因数分解すると，$360 = 2^3 \times 3^2 \times 5$ であるから，約数の総和は $(1+2+2^2+2^3)(1+3+3^2)(1+5) = (1+2+4+8)(1+3+9)(1+5) = 15 \times 13 \times 6 = 1170$ である。

4 4

解説 $\frac{x}{2} = \frac{y}{3} = \frac{z}{5} = A$ とおく。

$x = 2A$, $y = 3A$, $z = 5A$ となるから，

$x - y + z = 2A - 3A + 5A = 4A$, $3x + y - z = 6A + 3A - 5A = 4A$

したがって，$\frac{x - y + z}{3x + y - z} = \frac{4A}{4A} = 1$ である。

5 4

解説 分母を有理化する。

$$\frac{\sqrt{2}}{\sqrt{2}-1} = \frac{\sqrt{2}(\sqrt{2}+1)}{(\sqrt{2}-1)(\sqrt{2}+1)} = \frac{2+\sqrt{2}}{2-1} = 2+\sqrt{2} = 2+1.414\cdots = 3.414\cdots$$

であるから，$a=3$であり，$b=(2+\sqrt{2})-3=\sqrt{2}-1$ となる。

したがって，$a \times b = 3(\sqrt{2}-1) = 3\sqrt{2}-3$

6 3

解説 $(x+y)^2 = x^2 + 2xy + y^2$ であるから，

$x^2 + xy + y^2 = (x+y)^2 - xy$ と表せる。

ここで，$x+y = (\sqrt{5}+\sqrt{2}) + (\sqrt{5}-\sqrt{2}) = 2\sqrt{5}$,

$xy = (\sqrt{5}+\sqrt{2})(\sqrt{5}-\sqrt{2}) = 5-2 = 3$

であるから，求める $(x+y)^2 - xy = (2\sqrt{5})^2 - 3 = 20 - 3 = 17$

7 5

解説 分母を有理化すると，

$$\frac{\sqrt{2}}{\sqrt{2}-1} = \frac{\sqrt{2}(\sqrt{2}+1)}{(\sqrt{2}-1)(\sqrt{2}+1)} = \frac{2+\sqrt{2}}{2-1} = 2+\sqrt{2}$$

$\sqrt{2} = 1.4142\cdots\cdots$であるから，$2+\sqrt{2} = 2+1.4142\cdots\cdots = 3.14142\cdots\cdots$

したがって，$a=3$, $b=2+\sqrt{2}-3=\sqrt{2}-1$といえる。

したがって，$b^2 = (\sqrt{2}-1)^2 = 2-2\sqrt{2}+1 = 3-2\sqrt{2}$である。

8 3

解説 男子全員の人数をx，女子全員の人数をyとする。

$0.075x + 0.064y = 37 \cdots ①$

$0.025x + 0.072y = 25 \cdots ②$

①－②×3より

$$
\begin{array}{rl}
 & \begin{cases} 0.075x + 0.064y = 37 \cdots ① \\ 0.075x + 0.216y = 75 \cdots ②' \end{cases} \\
-) & \\
\hline
 & -0.152y = -38
\end{array}
$$

$\therefore\ 152y = 38000 \quad \therefore\ y = 250 \quad x = 280$

よって，女子全員の人数は250人。

9 3

解説 3つのうちの一番小さいものを$x(x>0)$とすると，連続した3つの正の偶数は，x，$x+2$，$x+4$ であるから，与えられた条件より，次の式が成り立つ。$x^2+(x+2)^2=(x+4)^2$　かっこを取って，$x^2+x^2+4x+4=x^2+8x+16$　整理して，$x^2-4x-12=0$　よって，$(x+2)(x-6)=0$　よって，$x=-2, 6$　$x>0$だから，$x=6$ である。したがって，3つの偶数は，6，8，10である。このうち最も大きいものは，10である。

速さ・距離・時間

演習問題

1 家から駅までの道のりは30kmである。この道のりを，初めは時速5km，途中から，時速4kmで歩いたら，所要時間は7時間であった。時速5kmで歩いた道のりとして正しいものはどれか。

1　8km　　2　10km　　3　12km　　4　14km　　5　15km

2 横の長さが縦の長さの2倍である長方形の厚紙がある。この厚紙の四すみから，一辺の長さが4cmの正方形を切り取って，折り曲げ，ふたのない直方体の容器を作る。その容積が$64cm^3$のとき，もとの厚紙の縦の長さとして正しいものはどれか。

1　$6-2\sqrt{3}$　　2　$6-\sqrt{3}$　　3　$6+\sqrt{3}$　　4　$6+2\sqrt{3}$

5　$6+3\sqrt{3}$

3 縦50m，横60mの長方形の土地がある。この土地に，図のような直角に交わる同じ幅の通路を作る。通路の面積を土地全体の面積の$\frac{1}{3}$以下にするには，通路の幅を何m以下にすればよいか。

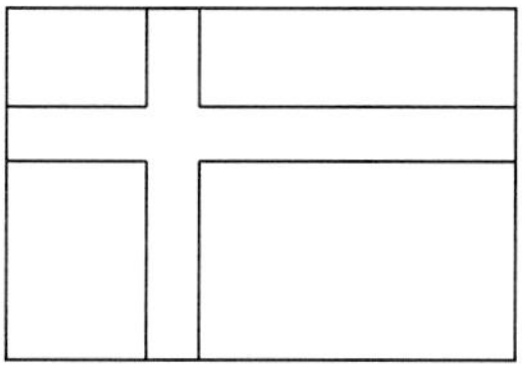

1　8m　　2　8.5m　　3　9m　　4　10m

5　10.5m

4 下の図のような，曲線部分が半円で，1周の長さが240mのトラックを作る。中央の長方形ABCDの部分の面積を最大にするには，直線部分ADの長さを何mにすればよいか。次から選べ。

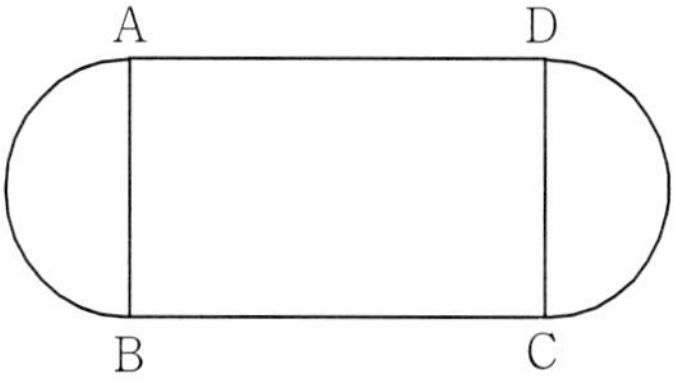

1　56m　　2　58m　　3　60m　　4　62m　　5　64m

5 AとBの2つのタンクがあり，Aには$8m^3$，Bには$5m^3$の水が入っている。Aには毎分$1.2m^3$，Bには毎分$0.5m^3$ずつの割合で同時に水を入れ始めると，Aの水の量がBの水の量の2倍以上になるのは何分後からか。正しいものはどれか。

1　8分後　　2　9分後　　3　10分後　　4　11分後　　5　12分後

○○○解答・解説○○○

1 2

解説 時速5kmで歩いた道のりを$x$kmとすると，時速4kmで歩いた道のりは，$(30-x)$ kmであり，時間＝距離÷速さ　であるから，次の式が成り立つ。

$$\frac{x}{5}+\frac{30-x}{4}=7$$

両辺に20をかけて，$4x+5(30-x)=7\times 20$

整理して，$4x+150-5x=140$

よって，$x=10$ である。

2 4

解説 厚紙の縦の長さを$x$cmとすると，横の長さは$2x$cmである。また，このとき，容器の底面は，縦$(x-8)$cm，横$(2x-8)$cmの長方形で，容器の高さは4cmである。

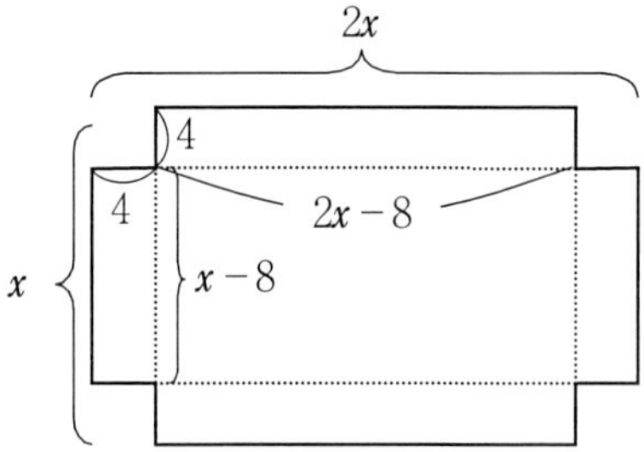

厚紙の縦，横，及び，容器の縦，横の長さは正の数であるから，

$x>0$，$x-8>0$，$2x-8>0$

すなわち，$x>8$……①

容器の容積が$64cm^3$であるから，

$4(x-8)(2x-8)=64$となり，

$(x-8)(2x-8)=16$

これより，$(x-8)(x-4)=8$

$x^2-12x+32=8$となり，$x^2-12x+24=0$

よって，$x=6\pm\sqrt{6^2-24}=6\pm\sqrt{12}=6\pm 2\sqrt{3}$

このうち①を満たすものは，$x=6+2\sqrt{3}$

3 4

解説　通路の幅をxmとすると，$0<x<50$……①
また，$50x+60x-x^2 \leqq 1000$
よって，$(x-10)(x-100) \geqq 0$
したがって，$x \leqq 10$，$100 \leqq x$……②
①②より，$0<x \leqq 10$　つまり，10m以下。

4 3

解説　直線部分ADの長さをxmとおくと，$0<2x<240$より，
xのとる値の範囲は，$0<x<120$である。

半円の半径をrmとおくと，
$2\pi r=240-2x$より，
$r=\frac{120}{\pi}-\frac{x}{\pi}=\frac{1}{\pi}(120-x)$
長方形ABCDの面積をym^{2}とすると，
$y=2r \cdot x=2 \cdot \frac{1}{\pi}(120-x)x$
$=-\frac{2}{\pi}(x^2-120x)$
$=-\frac{2}{\pi}(x-60)^2+\frac{7200}{\pi}$

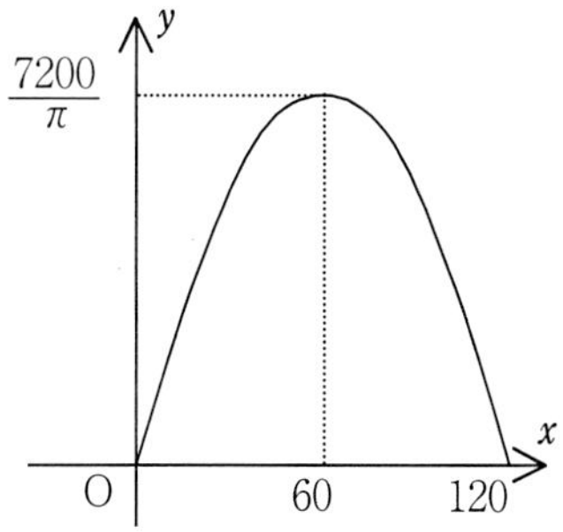

この関数のグラフは，図のようになる。yは$x=60$のとき最大となる。

5 3

解説　x分後から2倍以上になるとすると，題意より次の不等式が成り立つ。

$8+1.2x \geqq 2(5+0.5x)$

かっこをはずして，$8+1.2x \geqq 10+x$
整理して，$0.2x \geqq 2$　よって，$x \geqq 10$
つまり10分後から2倍以上になる。

組み合わせ・確率

演習問題

1 1個のさいころを続けて3回投げるとき，目の和が偶数になるような場合は何通りあるか。正しいものを選べ。

1　106通り　　2　108通り　　3　110通り　　4　112通り
5　115通り

2 A，B，C，D，E，Fの6人が2人のグループを3つ作るとき，AとBが同じグループになる確率はどれか。正しいものを選べ。

1　$\frac{1}{6}$　　2　$\frac{1}{5}$　　3　$\frac{1}{4}$　　4　$\frac{1}{3}$　　5　$\frac{1}{2}$

○○○解答・解説○○○

1 2

解説　和が偶数になるのは，3回とも偶数の場合と，偶数が1回で，残りの2回が奇数の場合である。さいころの目は，偶数と奇数はそれぞれ3個だから，

(1)　3回とも偶数：3×3×3＝27〔通り〕
(2)　偶数が1回で，残りの2回が奇数
・偶数/奇数/奇数：3×3×3＝27〔通り〕
・奇数/偶数/奇数：3×3×3＝27〔通り〕
・奇数/奇数/偶数：3×3×3＝27〔通り〕

したがって，合計すると，27＋(27×3)＝108〔通り〕である。

2 2

解説　A，B，C，D，E，Fの6人が2人のグループを3つ作るときの，すべての作り方は$\frac{{}_6C_2 \times {}_4C_2}{3!}=15$通り。このうち，AとBが同じグループになるグループの作り方は$\frac{{}_4C_2}{2!}=3$通り。よって，求める確率は$\frac{3}{15}=\frac{1}{5}$である。

演習問題

1 次の図で，直方体ABCD－EFGHの辺AB，BCの中点をそれぞれM，Nとする。この直方体を3点M，F，Nを通る平面で切り，頂点Bを含むほうの立体をとりさる。AD＝DC＝8cm，AE＝6cmのとき，△MFNの面積として正しいものはどれか。

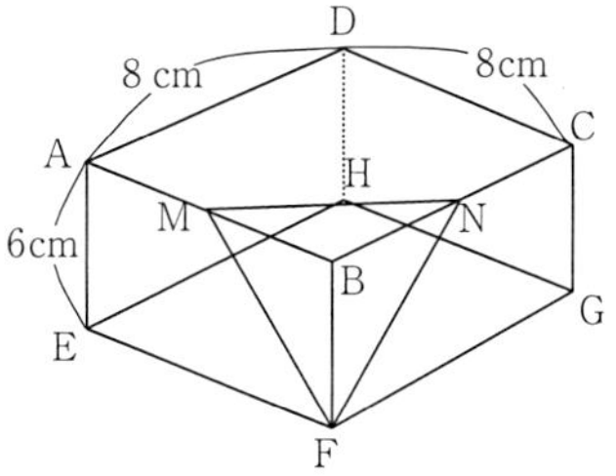

1　$3\sqrt{22}$〔cm²〕　2　$4\sqrt{22}$〔cm²〕
3　$5\sqrt{22}$〔cm²〕　4　$4\sqrt{26}$〔cm²〕
5　$4\sqrt{26}$〔cm²〕

2 右の図において，四角形ABCDは円に内接しており，弧BC＝弧CDである。AB，ADの延長と点Cにおけるこの円の接線との交点をそれぞれP，Qとする。AC＝4cm，CD＝2cm，DA＝3cmとするとき，△BPCと△APQの面積比として正しいものはどれか。

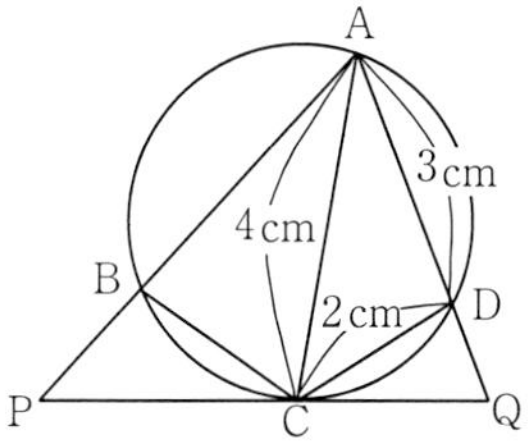

1　1：5　2　1：6　3　1：7　4　2：15　5　3：20

3 1辺の長さが15のひし形がある。その対角線の長さの差は6である。このひし形の面積として正しいものは次のどれか。

1　208　2　210　3　212　4　214　5　216

4 右の図において，円C_1の半径は2，円C_2の半径は5，2円の中心間の距離は$O_1O_2=9$である。2円の共通外接線lと2円C_1, C_2との接点をそれぞれA，Bとするとき，線分ABの長さとして正しいものは次のどれか。

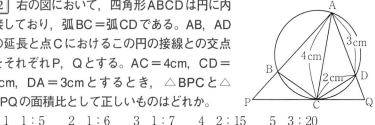

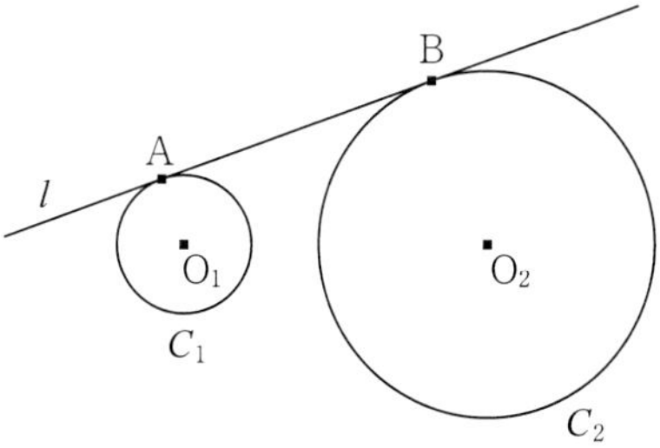

1　$3\sqrt{7}$　2　8　3　$6\sqrt{2}$　4　$5\sqrt{3}$　5　$4\sqrt{5}$

5 下の図において，点Eは，平行四辺形ABCDの辺BC上の点で，AB＝AEである。また，点Fは，線分AE上の点で，∠AFD＝90°である。∠ABE＝70°のとき，∠CDFの大きさとして正しいものはどれか。

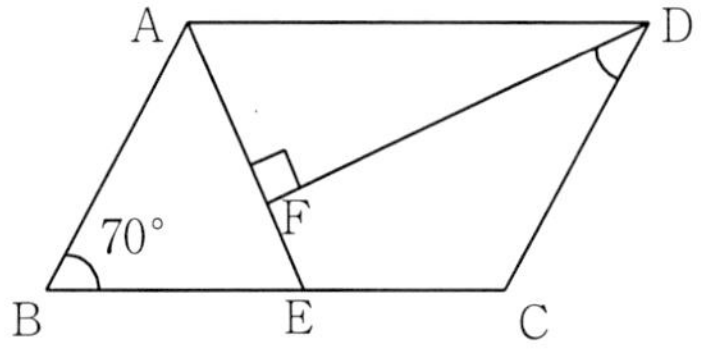

1　48°　　2　49°　　3　50°　　4　51°　　5　52°

6 底面の円の半径が4で，母線の長さが12の直円すいがある。この円すいに内接する球の半径として正しいものは次のどれか。

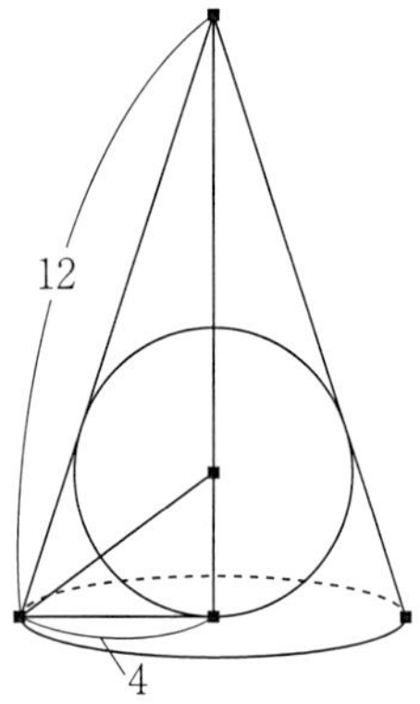

1　$2\sqrt{2}$
2　3
3　$2\sqrt{3}$
4　$\frac{8}{3}\sqrt{2}$
5　$\frac{8}{3}\sqrt{3}$

○○○解答・解説○○○

1 2

解説　△MFNはMF＝NFの二等辺三角形。$MB=\frac{8}{2}=4$, $BF=6$より，
$MF^2=4^2+6^2=52$
また，$MN=4\sqrt{2}$
FからMNに垂線FTを引くと，△MFTで三平方の定理より，
$FT^2=MF^2-MT^2=52-\left(\frac{4\sqrt{2}}{2}\right)^2=52-8=44$
よって，$FT=\sqrt{44}=2\sqrt{11}$
したがって，$\triangle MFN=\frac{1}{2}\cdot 4\sqrt{2}\cdot 2\sqrt{11}=4\sqrt{22}$〔$cm^2$〕

2 3

解説 ∠PBC＝∠CDA，∠PCB＝∠BAC＝∠CADから，

△BPC∽△DCA

相似比は2：3，面積比は，4：9

また，△CQD∽△AQCで，相似比は1：2，面積比は1：4

したがって，△DCA：△AQC＝3：4

よって，△BPC：△DCA：△AQC＝4：9：12

さらに，△BPC∽△CPAで，相似比1：2，面積比1：4

よって，△BPC：△APQ＝4：(16＋12)＝4：28＝1：7

3 5

解説 対角線のうちの短い方の長さの半分の長さをxとすると，長い方の対角線の長さの半分は，$(x+3)$と表せるから，三平方の定理より次の式がなりたつ。

$$x^2+(x+3)^2=15^2$$

整理して，$2x^2+6x-216=0$　よって，$x^2+3x-108=0$

$(x-9)(x+12)=0$より，$x=9,-12$　xは正だから，$x=9$である。

したがって，求める面積は，$4\times\dfrac{9\times(9+3)}{2}=216$

4 5

解説 円の接線と半径より$O_1A\perp l$，$O_2B\perp l$であるから，点O_1から線分O_2Bに垂線O_1Hを下ろすと，四角形AO_1HBは長方形で，

$HB=O_1A=2$だから，

$O_2H=3$

△O_1O_2Hで三平方の定理より，

$O_1H=\sqrt{9^2-3^2}=6\sqrt{2}$

よって，$AB=O_1H=6\sqrt{2}$

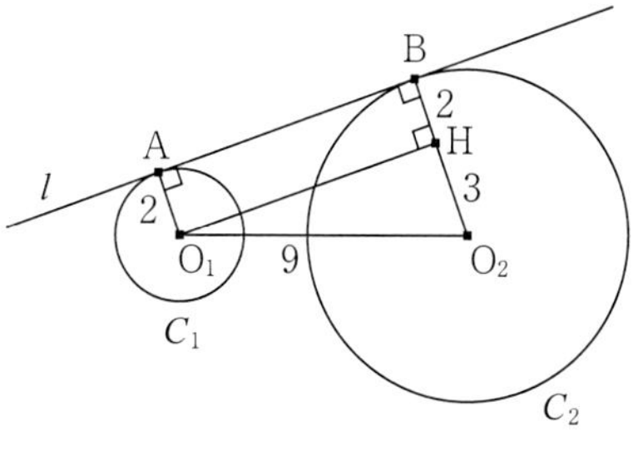

5 3

解説 ∠AEB＝∠ABE＝70°より，∠AEC＝180－70＝110°
また，∠ABE＋∠ECD＝180°より，∠ECD＝110°
四角形FECDにおいて，四角形の内角の和は360°だから，

∠CDF＝360°－（90°＋110°＋110°）＝50°

6 1

解説 円すいの頂点をA，球の中心をO,底面の円の中心をHとする。3点A, O, Hを含む平面でこの立体を切断すると，断面は図のような二等辺三角形とその内接円であり，求めるものは内接円の半径OHである。

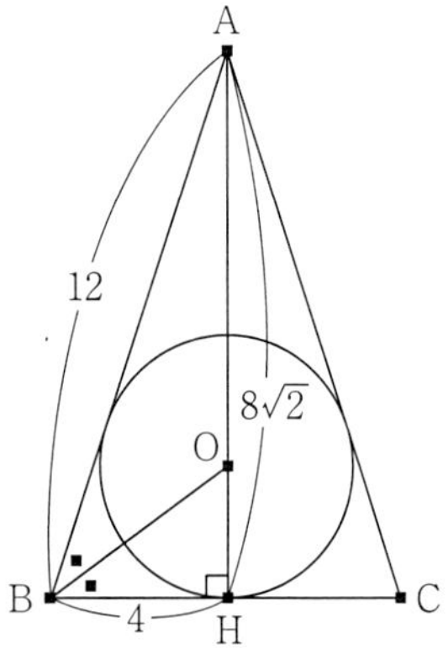

△ABHで三平方の定理より，

$AH=\sqrt{12^2-4^2}=8\sqrt{2}$

Oは三角形ABCの内心だから，BOは∠ABHの2等分線である。

よって，AO：OH＝BA：BH＝3：1

$OH=\frac{1}{4}AH=2\sqrt{2}$

演習問題

1 O市，P市，Q市の人口密度（1km²あたりの人口）を下表に示してある，O市とQ市の面積は等しく，Q市の面積はP市の2倍である。

市	人口密度
O	390
P	270
Q	465

このとき，次の推論ア，イの正誤として，正しいものはどれか。

ア　P市とQ市を合わせた地域の人口密度は300である

イ　P市の人口はQ市の人口より多い

1　アもイも正しい
2　アは正しいが，イは誤り
3　アは誤りだが，イは正しい
4　アもイも誤り
5　アもイもどちらとも決まらない

2 2から10までの数を1つずつ書いた9枚のカードがある。A，B，Cの3人がこの中から任意の3枚ずつを取ったところ，Aの取ったカードに書かれていた数の合計は15で，その中には，5が入っていた。Bの取ったカードに書かれていた数の合計は16で，その中には，8が入っていた。Cの取ったカードに書かれていた数の中に入っていた数の1つは，次のうちのどれか。

1　2　　2　3　　3　4　　4　6　　5　7

3 体重の異なる8人が，シーソーを使用して，一番重い人と2番目に重い人を選び出したい。シーソーでの重さ比べを，少なくとも何回行わなければならないか。ただし，シーソーには両側に1人ずつしか乗らないものとする。

1　6回　　2　7回　　3　8回　　4　9回　　5　10回

4 A～Fの6人がゲーム大会をして，優勝者が決定された。このゲーム大会の前に6人は，それぞれ次のように予想を述べていた。予想が当たったのは2人のみで，あとの4人ははずれであった。予想が当たった2人の組み合わせとして正しいものはどれか。

A 「優勝者は，私かCのいずれかだろう。」

B 「優勝者は，Aだろう。」

C 「Eの予想は当たるだろう。」

D 「優勝者は，Fだろう。」

E 「優勝者は，私かFのいずれかだろう。」

F 「Aの予想ははずれるだろう。」

1 A，B　2 A，C　3 B，D　4 C，D　5 D，E

5 ある会合に参加した人30人について調査したところ，傘を持っている人，かばんを持っている人，筆記用具を持っている人の数はすべて1人以上29人以下であり，次の事実がわかった。

i）傘を持っていない人で，かばんを持っていない人はいない。

ii）筆記用具を持っていない人で，かばんを持っている人はいない。

このとき，確実に言えるのは次のどれか。

1 かばんを持っていない人で，筆記用具を持っている人はいない。

2 傘を持っている人で，かばんを持っている人はいない。

3 筆記用具を持っている人で，傘を持っている人はいない。

4 傘を持っていない人で，筆記用具を持っていない人はいない。

5 かばんを持っている人で，傘を持っている人はいない。

6 次A，B，C，D，Eの5人が，順に赤，緑，白，黒，青の5つのカードを持っている。また赤，緑，白，黒，青の5つのボールがあり，各人がいずれか1つのボールを持っている。各自のカードの色とボールの色は必ずしも一致していない。持っているカードの色とボールの色の組み合わせについてア，イのことがわかっているとき，Aの持っているボールの色は何色か。ただし，以下でXとY 2人の色の組み合わせが同じであるとは，「Xのカード，ボールの色が，それぞれYのボール，カードの色と一致」していることを意味する。

ア　CとEがカードを交換すると，CとDの色の組み合わせだけが同じになる。

イ　BとDがボールを交換すると，BとEの色の組み合わせだけが同じになる。

1 青　2 緑　3 黒　4 赤　5 白

○○○解答・解説○○○

1 3

解説 「O市とQ市の面積は等しく，Q市の面積はP市の2倍」ということから，仮にO市とQ市の面積を$1km^2$，P市の面積を$2km^2$と考える。

ア…P市の人口は270×2＝540人，Q市の人口は465×1＝465人で，2つの市を合わせた地域の面積は3km2なので，人口密度は，(540＋465)÷3＝335人になる。

イ…P市の人口は540人，Q市は465人なので，P市の方が多いので正しいといえる。

よって推論アは誤りだが，推論イは正しい。

よって正解は3である。

2 3

解説 まず，Bが取った残りの2枚のカードに書かれていた数の合計は，16－8＝8である。したがって2枚のカードはどちらも6以下である。ところが「5」はAが取ったカードにあるから除くと，「2」，「3」，「4」，「6」の4枚となるが，この中で2数の和が8になるのは，「2」と「6」しかない。

次にAが取った残りの2枚のカードに書かれていた数の合計は，15－5＝10である。したがって2枚のカードはどちらも8以下である。この中で，すでにA自身やBが取ったカードを除くと「3」，「4」，「7」の3枚となるが，この中で2数の和が10になるのは，「3」と「7」のみである。

以上のことから，Cの取った3枚のカードは，AとBが取った残りの「4」「9」「10」である。

3 4

解説 全員の体重が異なるのだから，1人ずつ比較するしかない。したがって一番重い人を見つけるには，8チームによるトーナメント試合数，すなわち8－1＝7（回）でよい。図

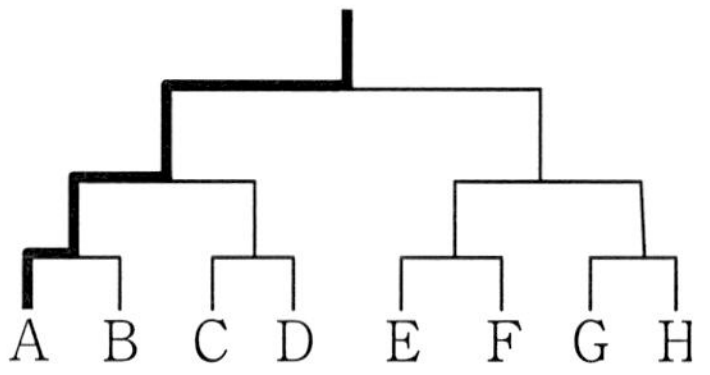

は8人をA～Hとしてその方法を表したもので，Aが最も重かった場合である。次に2番目に重い人の選び出し方であるが，2番目に重い人の候補になるのは，図でAと比較してAより軽いと判断された3人である。すなわち最初に比較したBと，2回目に比較したC，Dのうちの重い方と，最後にAと比較したE～Hの中で一番重い人の3人である。そしてこの3人の中で一番重い人を見つける方法は2回でよい。結局，少なくとも7＋2＝9（回）の重さ比べが必要であるといえる。

4 1

解説 下の表は，縦の欄に優勝したと仮定した人。横の欄に各人の予想が当たったか（○）はずれたか（×）を表したものである。

	A	B	C	D	E	F
A	○	○	×	×	×	×
B	×	×	×	×	×	○
C	○	×	×	×	×	×
D	×	×	×	×	×	○
E	×	×	○	×	○	○
F	×	×	○	○	○	○

「予想が当たったのは，2人のみ」という条件を満たすのは，Aが優勝したと仮定したときのAとBのみである。よって，1が正しい。

5 3

解説 i）ii）より集合の包含関係は図のようになっている。

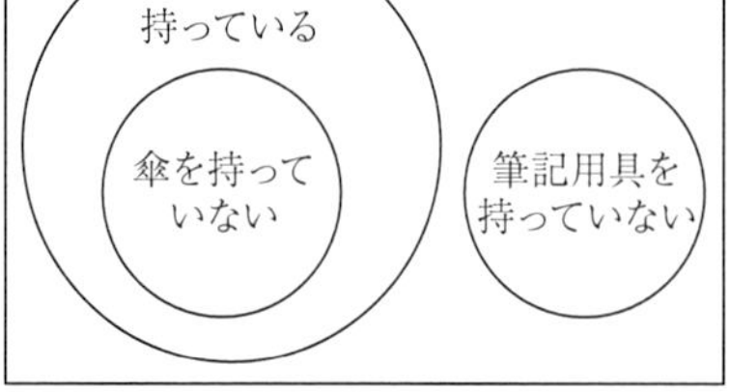

図より，傘を持っていない人の集合と，筆記用具を持っていない人の集

合の共通部分は空集合であり，選択肢1，2，3，5については必ずしも空集合とは限らない。

したがって，確実に言えるのは「傘を持っていない人で，筆記用具を持っていない人はいない」のみである。

6 5

解説 最初の状態は，

	A	B	C	D	E
カード	赤	緑	白	黒	青

まずアより，EとCがカードを交換した場合，CとDの色の組み合わせだけが同じになることから，ボールの色が次のように決まる。

	A	B	C	D	E
カード	赤	緑	青	黒	白
ボール			黒	青	

つまり，Cのボールが黒，Dのボールが青と決まる。

カード交換前のカードの色で表すと，

	A	B	C	D	E
カード	赤	緑	白	黒	青
ボール			黒	青	

さらにイより，BとDがボールを交換すると，BとEの色の組み合わせだけが同じになることから，Eのボールの色が緑ときまる。つまり，

	A	B	C	D	E
カード	赤	緑	白	黒	青
ボール			黒	青	緑

ここで，Bのボールの色が白だとすると，Dとボールを交換したときに，CとDが黒と白で同じ色の組み合わせになってしまう。したがって，Aのボールの色が白，Bのボールの色が赤といえる。

つまり，次のように決まる。

	A	B	C	D	E
カード	赤	緑	白	黒	青
ボール	白	赤	黒	青	緑

図表の読み取り

演習問題

1 次の表は消防白書（総務省）より平成26年の出火原因別火災の発生状況とその損害額（千円）をまとめたものである。これについて正しいものはどれか。

出火原因	出火件数	損害額（千円）
放火	4884	3442896
こんろ	3484	3736938
たばこ	4088	4534257
放火の疑い	3154	2428493
たき火	2913	944074
火遊び	978	448466
火入れ	1665	257438
ストーブ	1426	5003139
電灯・電話の配線等	1298	5435929
配線器具	1193	2928339

（総務省消防庁『平成27年版　消防白書』より作成）

1 「火遊び」による損害額は最も低く，1件あたりの損害額も最も低くなっている。
2 「放火」による出火件数は最も多く，1件あたりの損害額は150万円を超える。
3 例年最も多い出火原因として挙げられるのは「放火」によるものである。
4 損害額が最も高い項目は，1件あたりの損害額も最も高くなっている。
5 損害額が3番目に高い項目は，1件あたりの損害額も同順位となっている。

2 次の表は2014年における各国の失業者数・失業率を示したものである。この表から正しくいえるものはどれか。

	失業者数（千人）	失業率（%）
日本	2359	3.6
フランス	3001	10.2
アメリカ	9616	6.2
韓国	937	3.5
ドイツ	2090	5.0
オーストラリア	745	6.1

（ILO "KILM 8th edition" より作成）

1　失業者数が最も多い国は，最も少ない国のおよそ15倍の人数である。

2　失業率が最も高い国は，失業者数も最も多くなっている。

3　日本の失業者数は，韓国の失業者数のおよそ2.5倍である。

4　失業率が最も低い国は，失業者数も最も少なくなっている。

5　ドイツはいずれの項目においても3番目に高い数値となっている。

3　次の表は各国の漁獲量（千t）を表している。この表から正しくいえるものはどれか。

	1960年	1980年	2000年	2014年
中国	2,215	3,147	14,982	17,514
インドネシア	681	1,653	4,159	6,508
アメリカ合衆国	2,715	3,703	4,760	4,984
インド	1,117	2,080	3,726	4,719
ロシア	3,066	9,502	4,027	4,233
ミャンマー	360	577	1,093	4,083

（帝国書院『地理データファイル2017年度版』より作成）

1　いずれの国においても，漁獲量は年々増加しており，2014年が最も大きい値となっている。

2　2014年におけるミャンマーの漁獲量は，1960年の漁獲量の12倍以上である。

3　2000年において漁獲量が最も少ない国は，2014年においても最も少ない漁獲量の数値を示している。

4　1980年における中国の漁獲量は，1960年の漁獲量の2倍以上である。

5　インドネシアにおける漁獲量は，いずれの年においてもアメリカの漁獲量を下回っている。

4 次の図は，わが国の製造業の事業所数，従業者数，出荷額について，平成7年の数値を100として表したものである（以下製造業を略す）。この図からいえることとして正しいものはどれか。

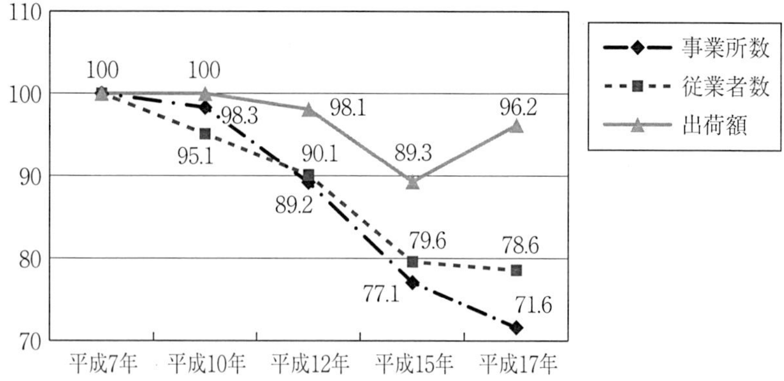

（経済産業省「工業統計調査」より作成）

1　平成15年の従業者数は平成12年の0.9倍以上である。

2　平成15年の1事業所当たりの出荷額は平成10年と比較して減少している。

3　平成10年の事業所数は平成15年の事業所数の1.2倍未満である。

4　平成12年の1事業所当たりの従業者数は平成10年と比較して増加している。

5　平成17年の1事業所当たりの出荷額は平成7年の1.4倍以上である。

5 次の表は，日本におけるサービス業，卸売・小売業，製造業の就業者数の推移を示したものである。この表から読み取れる内容についての記述として，妥当なものはどれか。

	就業者数（万人）			
	総数	サービス業	卸売・小売業	製造業
1970年	5,443	906	873	1,453
1980年	5,866	1,279	1,040	1,356
1990年	6,427	1,716	1,104	1,488
2000年	6,526	2,154	1,141	1,249
2010年	6,448	2,283	1,172	1,018

（「国民所得計算」「日本の100年」より作成）

1　1970年から1990年にかけてのデータを比較すると，各業種ともに新しいデータほど就業者の人数が多くなっている。

2　業種ごとに就業者の増減を比較すると，時期が下るほど就業者が増加し続けている業種はない。

3　最も変動が激しい業種について，最少と最多の時期を比較すると，2.5倍を超える開きがある。

4　就業者の数について，最少と最多の時期の開きが最も小さい業種は，製造業である。

5　就業者の総数は，実質国内総生産の推移によって変動している。

6　次の表は，わが国の自然公園の地域別面積を示したものである。自然公園は国立公園，国定公園及び都道府県立自然公園の3種類がある。またそれぞれ特別地域が定められている。この表からいえることとして正しいものはどれか。

わが国の自然公園の地域別面積

種別	公園数	公園面積(ha)	国土面積に対する比率(%)	内訳			
				特別地域		普通地域	
				面積(ha)	比率(%)	面積(ha)	比率(%)
国立公園	29	2,087,504	5.523	1,504,690	72.1	582,814	27.9
国定公園	56	1,362,065	3.604	1,267,743	93.1	94,322	6.9
都道府県立自然公園	313	1,970,780	5.214	716,531	36.4	1,254,248	63.6
自然公園合計	398	5,420,349	14.341	3,488,964	64.4	1,931,384	35.6

（環境省「自然公園面積総括表」より作成）

1　国立公園の普通地域の面積の，自然公園合計の普通地域の面積に対する割合は28%未満である。

2　国立公園の1公園当たりの面積は，国定公園の1公園当たりの面積の4倍以上である。

3　都道府県立自然公園の特別地域の面積の，国土面積に対する割合は2.6%未満である。

4　国定公園の面積は，都道府県立自然公園の面積の0.6倍未満である。

5　国立公園の1公園当たりの面積は，69,000ha未満である。

7 次の表は，日本における織物の生産の推移を示している。この表から読み取れる内容として妥当なものはどれか。

（単位　百万 m^2）

	1980年	1990年	2000年	2010年
天然繊維織物・・・・・・・・・・	2675	2199	799	161
綿織物・・・・・・・・・・・・・・	2202	1765	664	124
毛織物・・・・・・・・・・・・・・	294	335	98	32
絹・絹紡織物・・・・・・・・	152	84	33	4
化学繊維織物・・・・・・・・・・	4040	3376	1846	822
再生・半合成繊維織物	882	708	273	92
合成繊維織物・・・・・・・・	3159	2668	1573	730
計×・・・・・・・・・・・・・・・・	6737	5587	2645	983

×その他とも。

（経済産業省「生産動態統計」『日本国勢図会2018/19』より作成）

1　化学繊維織物の生産が最も減少している時期は，オイルショックの時期と重なっている。

2　天然繊維織物について，最も古いデータと最も新しいのデータを比較すると，約30分の1に減少している。

3　日本における織物の生産は，全体として減少傾向にあるものの，品目によっては一時的に増加している。

4　織物の生産の合計の推移をみると，2000年から2010年にかけての減少幅が最も大きい。

5　天然繊維織物の減少の要因としては，化学繊維織物の品質の向上によるものが大きい。

8 次の図は，日本の2016年における従業者４人以上の従業者数別事業所数の割合と，それぞれの事業所が占める製造品出荷額等の割合を示したグラフである。ここから読み取れる内容として，最も妥当なものはどれか。

日本の従業者数別事業所数と製造品出荷額等

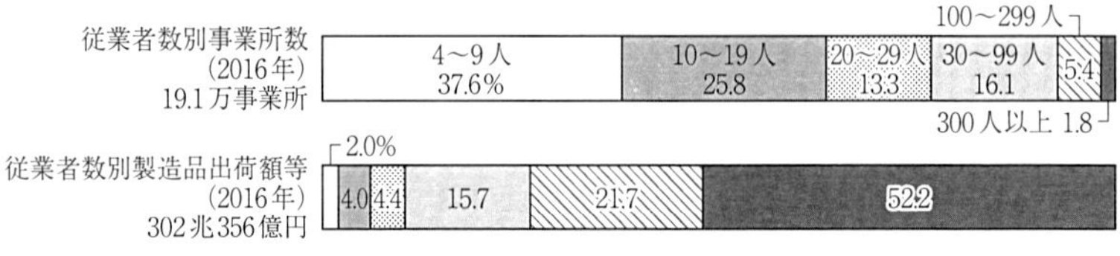

（二宮書店『2020データブック・オブ・ワールド』より作成）

1　300人以上の事業所による製造品出荷額等の金額は，全体の半分に満たない。

2　従業者4～9人の事業所による製造品出荷額等の金額は，6兆円に満たない。

3　事業所数について比較すると，その割合が最も多いのは事業者数が4～9人の事業所であり，その数は，7万を超えている。

4　事業所数について，20人以上の事業所は，全体の3分の1に満たない。

5　事業所数について，その増加率を比較すると，300人以上の事業所の増加率が最も高く，10%を超えている。

9　次の図は，縦軸が第3次産業人口率，横軸が1人当たり国民総所得（GNI）を表し，各国のそれぞれの値をもとにグラフ上に点で示したものである。この図から読み取れる内容として，最も妥当なものはどれか。

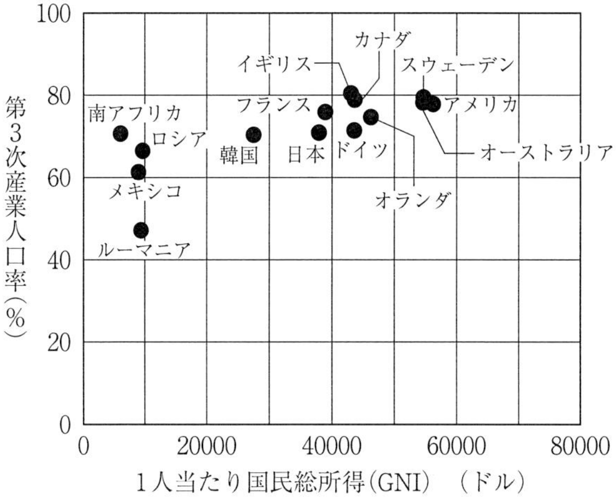

（二宮書店『2020データブック・オブ・ワールド』より作成）

1　第3次産業人口率の差は，イギリス，スウェーデンの間で最大となっている。

2　第3次産業人口率が60%以上，1人当たり国民総所得が20000ドル以下という条件を両方満たすのは，4カ国である。

3　1人当たり国民総所得について比較すると，日本の順位は，フランスに次ぐ7位である。

4　第2次産業人口率が高いほど，第3次産業人口率が高く，1人当たり国民総所得が低い。

5　1人当たり国民総所得の差は，アメリカと南アフリカの間で最大となっている。

○○○解答・解説○○○

1 4

解説　1　損害額が最も低く，1件あたりの損害額も最も低いのは「火入れ」である。　2「放火」による出火件数は最も多いが，1件あたりの損害額はおよそ100万円である。　3　平成26年における出火原因として最も多いのは「放火」であるものの，その他の年については表からは読み取れない。　4　正しい。損害額が最も高く，1件あたりの損害額も最も高い項目はいずれも「電灯・電話の配線等」である。　5　損害額が3番目に高い項目は「たばこ」であるが，1件あたりの損害額が3番目に高い項目は「配線器具」である。

2 3

解説　1　失業者数が最も多い国はアメリカ（9616人）であり，最も少ない国であるオーストラリアのおよそ13倍である。　2　失業率が最も高い国はフランスであり，失業者数が最も多い国はアメリカである。　3　正しい。日本の失業者数は2359人であり，韓国の失業者数である937人のおよそ2.5倍である。　4　表から読み取れるように，失業率が最も低い国は韓国の3.5%であり，失業者数が最も少ない国はオーストラリアでその人数は745人である。　5　ドイツはいずれの項目においても4番目に高い数値となっている。

3 3

解説　1.　誤り。ロシアに関しては，1980年から2000年にかけて漁獲量が減少していることが表から読み取れる。　2.　誤り。2014年におけるミャンマーの漁獲量は，1960年の漁獲量の11倍程度である。　3.　正しい。いずれの年においてもミャンマーが最も少ない値を示している。　4.　誤り。1980年における中国の漁獲量は，1960年の漁獲量の1.4倍程度である。　5.　誤り。2014年においてはインドネシアの漁獲量がアメリカ合衆国の漁獲量を上回っている。

4 4

解説 1. 平成15年の0.9倍であれば数値が81以上になるはずであるが，実際には79.6だから0.9倍未満である。 2. 1事業所当たりの出荷額は［出荷額］÷［事業所数］で求められる。平成15年において出荷額の数値(89.3)を事業所数の数値(77.1)で割ると1.1を超えるが，平成10年は1.1未満。つまり平成15年の1事業所当たりの出荷額は平成10年と比較して増加している。 3. 平成15年の事業所数の数値を80としても，80 × 1.2 ＜ 98.3（平成10年の数値)。よって，1.2倍以上である。 4. 1事業所当たりの従業者数は［従業者数］÷［事業所数］で求められる。平成10年と平成12年では事業所数のグラフと従業者数のグラフの上下が逆になっており，平成12年において，事業所数のグラフは従業者数のグラフより下にある。したがって，平成12年の1事業所当たりの従業者数が平成10年と比較して増加しているのは明らか。 5. 平成7年において出荷額の数値(100)を事業所数の数値(100)で割ると1。一方，平成17年では1.4未満である。つまり，平成17年の1事業所当たりの出荷額は平成7年の1.4倍未満である。

5 3

解説 1. 誤り。1970年と1980年を比較すると，製造業の就業者が減少している。 2. 誤り。サービス業と卸売・小売業については，時期が下るほど就業者が増加している。 3. 正しい。最も変動が激しいサービス業について，最少の1970年と最多の2010年を比較すると，2283/906 ≒ 2.52倍の開きがある。 4. 誤り。最少と最多の時期の開きは，サービス業が2283 − 906 = 1377〔万人〕，卸売・小売業が1172 − 873 = 299〔万人〕，製造業が1488 − 1018 = 470〔万人〕である。 5. 誤り。実質国内総生産が示されていないので，判断できない。

6 3

解説 1. 自然公園合計の普通地域の面積を2,000,000haとしても29%以上である。 2. 国立公園の公園数は国定公園の$\frac{1}{2}$倍より多く，国立公園の面積は国定公園の面積の2倍未満だから，国立公園の1公園当たりの面積は，国定公園の1公園当たりの面積の4倍未満である。 3. 都道府県立自然公園の面積の，国土面積に対する割合は5.214%だから，都道府県立自然公園の特別地域の面積の，都道府県立自然公園全体の面積に対する割合（36.4%）を40%としても $5.214 \times 0.4 < 2.6$。つまり，都道府県立自然公園の特別地域の面積の，国土面積に対する割合は2.6%未満である。　4. 都道府県立自然公園の面積を2,000,000haとしても国定公園の面積は都道府県立自然公園の面積の0.6倍以上であり，実際の都道府県立自然公園の面積は2,000,000ha未満である。よって，国定公園の面積は，都道府県立自然公園の面積の0.6倍以上である。　5. 国立公園の公園数を30としても国立公園の1公園当たりの面積は，69,000ha以上であり，実際の国立公園の公園数は30未満である。よって，国立公園の1公園当たりの面積は，69,000ha以上である。

7 3

解説　1. 誤り。オイルショックとの関連は，表中から読み取れない。なお，第1次オイルショックは1973年，第2次オイルショックは1979年のことである。　2. 誤り。天然繊維織物について1980年と2010年のデータを比較すると，約16分の1に減少している。　3. 正しい。毛織物について1980年と1990年を比較すると，一時的に増加していることがわかる。　4. 誤り。減少幅についてみると，2000年から2010年が1662百万 m^2 であるのに対して，1990年から2000年は2942百万 m^2 である。　5. 誤り。化学繊維の品質については，表中から読み取れない。

8 3

解説　1. 誤り。300人以上の事業所による製造品出荷額等の金額は，全体の52.2%であるから，半分を超えている。　2. 誤り。出荷額は，全体の出荷額に割合をかけることによって求められるので，302.0356〔兆円〕× 0.02 ≒ 6.041〔兆円〕である。　3. 正しい。まず，グラフより，従業者数別事業所数について最も多いのは4～9人の事業所であり，その割合は37.6%である。また，その数は，全体の事業所数に割合をかけることによって求められるので，$191{,}000 \times 0.376 = 71{,}816$ である。　4. 誤り。事業所数について，20人以上の事業所は，20～29人が13.3%，30～99人が16.1%，100～299人が5.4%，300人以上が1.8%であるから，合計すると，$13.3 + 16.1 + 5.4 + 1.8 = 36.6$〔%〕となり，全体の3分の1を超えている。　5. 誤り。増加率を求めるためには時系列のデータが必要であるが，ここでは1年分のデータが与えられているだけなので，判断できない。

9 5

解説 1. 誤り。第3次産業人口率の差については，各国の縦軸の値の差を読み取ることによって求められ，イギリス，スウェーデンの差はわずかである。 2. 誤り。第3次産業人口率が60％以上，1人当たり国民総所得が20000ドル以下という条件を両方満たすのは，南アフリカ，ロシア，メキシコの3カ国である。 3. 誤り。1人当たり国民総所得の順位は9位である。日本より1人当たり国民総所得が大きい国として，アメリカ，スウェーデン，オーストラリア，オランダ，カナダ，ドイツ，イギリス，フランスが挙げられる。 4. 誤り。第2次産業人口率についてのデータは示されておらず，判断できない。 5. 正しい。1人当たり国民総所得の差については，各国の横軸の値の差を読み取ることによって求められ，最大がアメリカ，最少が南アフリカである。

英語（ENG）

長文読解

演習問題

1 次の英文の内容と一致するものはどれか。

This scene is one I see all the time everywhere, and these young children are looking at a smartphone, and the smartphone is having a huge impact in even the poorest countries. I said to my team, you know, what I see is a rise in aspirations all over the world. In fact, it seems to me that there's a convergence of aspirations. And I asked a team of economists to actually look into this. Is this true? Are aspirations converging all around the world? So they looked at things like Gallup polls about satisfaction in life and what they learned was that if you have access to the internet, your satisfaction goes up. But another thing happens that's very important: your reference income, the income to which you compare your own, also goes up. Now, if the reference income of a nation, for example, goes up 10 percent by comparing themselves to the outside, then on average, people's own incomes have to go up at least five percent to maintain the same level of satisfaction. But when you get down into the lower percentiles of income, your income has to go up much more if the reference income goes up 10 percent, something like 20 percent. And so with this rise of aspirations, the fundamental question is: Are we going to have a situation where aspirations are linked to opportunity and you get dynamism and economic growth, like that which happened in the country I was born in, in Korea? Or are aspirations going to meet frustration?

This is a real concern, because between 2012 and 2015, terrorism incidents increased by 74 percent. The number of deaths from terrorism went up 150 percent. Right now, two billion people live in conditions of fragility, conflict, violence, and by 2030, more than 60 percent of the world's poor will live in these situations of fragility, conflict and violence. And so what do we do about meeting these aspirations? Are there new ways of thinking about how we can rise to meet these aspirations? Because if we don't, I'm extremely worried. Aspirations are rising as never before because of access to the internet. Everyone knows how everyone else lives. Has our ability to meet those aspirations risen as well?

1　インターネットが使える環境では，生活満足度が高い一方，自分の所得の比較対象となる額も上昇する。
2　スマートフォンは，専ら先進国において，人々に多大な影響をもたらしている。
3　2012年から2015年の間に，テロ事件の数は2.5倍に増えた。
4　2030年には世界の貧困層の74パーセント以上が，危険，紛争，暴力と隣り合わせで生活することになると言われている。
5　インターネットの発達により，人々の向上心はかつてなく損なわれている。

2 次の英文の内容と一致するものはどれか。

A hit and run car accident can be a terrible event for the victims of these crimes. National government statistics indicate that about eleven percent of all vehicle accidents are hit and run car accidents. This means nearly 700,000 hit and run car accident cases each year in the United States. *The National Highway Traffic Safety Administration reports that the hit and run car accident rate has increased by fifteen percent since 1998 nationwide.

* The National Highway Traffic Safety Administration
…米運輸省道路交通安全局

1　ひき逃げ事故を起こした運転手は逃げてもみな捕まる。
2　ひき逃げ事故は日本では減りつつある。
3　アメリカの自動車事故の半数はひき逃げ事故である。
4　アメリカの自動車事故件数はこの数年，ほぼ横ばいとなっている。
5　アメリカでのひき逃げ事故は1998年以来15%増えている。

3 次の文の内容と同じものはどれか。

If you are *indecisive and plan to do something about it, you can take immediate comfort in the fact that indecision is not necessarily due to ignorance and slow thinking. On the contrary it is often thinking of so many things and consideration of so many doubts that result in the difficulty to reach and act on a simple decision. The more intelligent you are, the more you may be inclined to consider rapidly many factors before making a decision. If you were *feeble-minded, you would have little or no difficulty, for you wouldn't be able to think of a variety of possible consequences. Your difficulty may be that you have acquired the habit of applying to a multitude of little, unimportant things the same serious consideration you might advisedly give to vital matters.

*indecisive 優柔不断な　*feeble-minded 頭の弱い

1　頭が弱い人は苦労せずに決定できるので決断力があると言える。
2　重要な結論を得るのに考慮するのを些細な事柄にも当てはめる癖がついているのが優柔不断で困ることだ。
3　聡明であればあるほど，多くのことを考える速度が速くなる。
4　優柔不断は無知や思考の浅さのせいで起きる。
5　優柔不断な人とは反対に頭が弱い人は実に多くの疑問を考慮している。

4 次の文の内容と同じものはどれか。

In his teens the young man is impatient of what he considers to be the unduly *stilted vocabulary and pronunciation of his elders and he likes to show how up to date he is by the use of the latest slang, but as the years go by some of his slang becomes standard usage and in any case he slowly grows less receptive to *linguistic novelties, so that by the time he reaches his forties he will probably be lamenting the careless speech of the younger generation, quite unaware that some of the expressions and pronunciations now being used in all seriousness in churches and law-courts were frowned upon by his own parents. In this respect language is a little like fashions in men's dress. The informal clothes of one generation become the everyday wear of the next, and just as young doctors and bank clerks nowadays go about their business in sports jackets, so they allow into their normal vocabulary various expressions which were once confined to slang and familiar conversation.

*stilted 誇張した，堅苦しい　*linguistic novelties 目新しい言葉

1　10代のときには，若者は，必要以上に堅苦しいと思う年長者の語彙や発音や最新の俗語を使って自分がいかに時代の先端を行っているかを示したがるのを我慢できない。

2　年月が経つにつれて，次第に目新しい言葉に対する受容性を失っていくので彼が使う俗語の中には標準語法になってしまうものもある。

3　40代になる頃には，教会や法廷で大真面目に使われている表現や発音の中には自分の両親が眉をひそめたものもあることにはまったく気づいていない。

4　ある世代の正装は次の世代の普段着になり，そして若い医師や銀行員が今日スポーツ用の上着を着て仕事に取り組んでいる。

5　通常の語彙をかつては俗語や打ち解けた会話に限られていた様々な表現の中に取り入れていく。

5 **次の文の内容と同じものはどれか。**

Only two animals have entered the human household otherwise than as prisoners and become domesticated by other means than those of *enforced servitude: the dog and the cat. Two things they have in common, namely, that both belong to the order of *carnivores and both serve man in their capacity of hunters. In all other characteristics, above all in the manner of their association with man, they are as different as the night from the day. There is no domestic animal which has so rapidly altered its whole way of living, indeed its whole sphere of interests, that has become domestic in so true a sense as the dog: and there is no animal that, in the course of its century-old association with man, has altered so little as the cat.

*enforced servitude 強制労働　*carnivores 肉食動物

1　犬と猫は捕獲された動物としてではなく人間の家庭に入り，そして強制労働という手段によって飼い馴らされている。

2　犬と猫には共通点が2つある。つまり，両者共，肉食動物に属していることと，狩猟能力のある人間の役に立っていることだ。

3　他のすべての特徴において，とりわけ人間との付き合い方において，犬と猫には夜と昼ほどの違いがある。

4　犬ほど，その生き方全体を，実にその興味の範囲全体を急速に変えることなく，つまり本当の意味で飼い馴らされている家畜は他にはいない。

5　猫ほど，数百年に及ぶ人間との付き合いの間にほとんど変わってしまった動物は他にはいない。

6 次の文の内容と同じものはどれか。

Throughout history humans have dreamed of a life without disease. In the past hundred years, as scientists learned more about the causes of disease and as new miracle drugs were made, people began to look forward to the defeat of disease. But disease is far from conquered and there is little chance that it ever will be.

'Good health' is a hard term to define, but the health of a group of people is usually measured by how many of them survive childhood and how long they live. By these measures, only a few countries in the world have healthy populations. In the other countries, where two-thirds of the earth's people live, the picture of health is quite different. In India, for example, only one of three people born today can expect to live to the age of fifty. And in many African and Asian countries, those boys and girls who survive the many childhood diseases still face a hard life without enough of the right kinds of food.

1　科学者が病気の原因についてより多くのことを知り，そして新しい特効薬が作られるのと同じように，人々は病気の克服を待望するようになった。

2　病気は征服されるどころではなく，これから征服される見込みもほとんどない。

3　人間の集団の健康は通常，そのうちの何人が幼児期を生き延び，つまり幼児死亡率の平均年齢によって評価される。

4　健康な国民を有する国は世界に少数しかないことになる。それ以外の国々の中には，健康の状況はまったく異なっている国もある。

5　アフリカやアジアの多くの国々では，幼児期に適当な種類の食料が十分にない，厳しい生活にいまだに直面している子供たちが様々な病気を生き延びている。

7 次の文の内容と同じものはどれか。

In Japan, more and more parents of university students are interfering with their children, from matters concerning the child's classes at university to what he or she should wear at the up coming graduation ceremony.

They are called "helicopter parents" because they are like helicopters that circle over their children and come down to help when necessary. This expression was originally coined in America.

According to a professor at Osaka University, such parents think that because they are paying their children's *tuition fees, they have the right, as consumers, to know what kind of service their child is receiving at the university.

Consequently, more and more universities are beginning to look to these parents in order to attract as many students as possible, when the number of children is decreasing in Japan and student recruitment is becoming more and more difficult.

*tuition fees 学費

1 大学生の我が子に，過剰に干渉する親が目立っている。授業の選択から卒業式の服装まで心配する。

2 親たちはヘリコプターで上空を旋回しながら常に子供を見守り，何かあると急降下して援助に向かう。

3 「ヘリコプターペアレント」と呼ぶが，元々は米国で対価を払って造語された言葉だ。

4 親たちは学費を払うのだから，その分自分たちにサービスはしてほしいと願っている。

5 少子化で厳しい学生獲得競争にさらされている昨今，こうした熱心な親たちこそ大事にしようという大学は困難な状況に陥っている。

8 次の文を読み，筆者の述べている内容と一致するものはどれか。

While staying in Greece, I would often drink several cups of coffee every day. They served what we in Japan call Turkish coffee —— a thick and sweet brew. When the coffee was drained, muddy grains remained, filling almost half the cup.

The cup would be flipped over quickly onto a saucer, rim down, as if to cover the gains. That was a common form of entertainment among men frequenting Greek coffee shops. When one lifted the cup, the pile of soggy coffee grounds would crack; the game involved guessing in which direction cracks would appear. They said the cracks in the coffee residue were used for fortune telling, too.

Boys trotted up and down the street delivering coffee. They carried as many as 10 to 15 cups on large round tin trays that resemble display stands used by fishmongers in Japan. The Greeks do indeed drink a lot of coffee. They serve a similar kind of "Turkish" coffee in Egypt. While one sits drinking coffee in shops facing the street, men bring over water pipes filled with tobacco and offer customers a puff.

1　エジプトの人々の間で愛用されているコーヒーは，トルココーヒーとは違った種類のコーヒーである。

2　トルココーヒーは非常に濃いので，苦味があるのが特徴である。

3　ギリシャでは，カップの底に残ったトルココーヒーの豆の粉を使って，遊びや占いをすることがある。

4　ギリシャにおけるコーヒーの消費量は，世界の中で最も多く，日本でのコーヒーの消費量の2倍以上である。

5　筆者は，ギリシャ滞在中に，コーヒーを飲むことができなかったので，日本に帰ってきてからは毎日コーヒーを飲んでいる。

9 次の英文の内容に合致するものはどれか。

Once, gray wolves in North America were threatened with *extinction. Many of them were shot, trapped, and poisoned. On the land of the northern *hemisphere, they are top predator, and they have long been our most powerful and direct competitor for meat. By the 1930s, gray wolves were gone from the West of United States. However, *handful wolves came from Canada during the 1980s and soon the *pack grew and split into two, then three, and so on. There was also federal action to increase population of wolves in America and it worked very well. Maybe it went too far. During 2008, more than 500 cattle and sheep were killed by wolves. And so, the fight over land and food between wolves and human has begun again.

*extinction　絶滅　　*hemisphere　半球　　*handful　少数の
*pack　群れ

1　北半球のハイイロオオカミは生命力が強く，絶滅を危惧されたことはない。

2　オオカミは北半球での食物連鎖の頂点にあり，人間とは食肉を奪い合う関係にある。

3　カナダからアメリカにやって来たオオカミの群れはなかなか数が増えなかった。

4　アメリカのオオカミの数が増えるよう，カナダ政府が介入した。

5　オオカミの数が増えすぎて，家畜が襲われ，流通する食肉の量が極端に減った。

○○○解答・解説○○○

1　1

解説　Jim Yong Kim「誰にだってチャンスは与えられて然るべきもの」より。

（全訳）このような光景は近頃どこでも，しょっちゅう見かけます。子どもたちがスマートフォンに見入っています。スマートフォンは，最貧の国々にまで多大な影響をもたらしています。ある時，私は同僚にこう言いました。「世界中で，向上心が沸き起こっていると感じる。しかも目指すところが似通ってきているようだ。」経済学者を数人集めて，実際どうなのか調べてもらいました。本当に世界の人の望むものが，まとまりつつあるのかについてです。ギャラップ社の生活満足度調査などを調べた結果，分かったのは，インターネットが使える環境では生活満足度が高いということでした。しかし同時に，非常に重要なことが起こります。「参照所得―つまり，自分の所得の比較対象となる額も上昇するのです。例えば，ある国における参照所得が他国と比較した結果，10パーセント上がった場合，平均的にはその人自身の所得も最低5パーセントは上がらないと生活満足度の水準を保てないわけですが，低所得層になると参照所得が10パーセント上がった場合，所得はさらに上がらないといけません。20パーセント程度は上げる必要があります。となると，向上心が高まりつつある今，根本的な疑問が湧いてきます。今後起こりうることは，向上心に機会が結びついて勢いが生まれ，経済成長につながるということなのか―例えば私の生まれた国である韓国がそうだったように―それとも，向上心の先には不満が待っているだけなのでしょうか。

これは深刻な懸念事項です。というの，2012年から2015年の間に，テロ事件の数が74パーセントも増加しているからです。テロで死亡した人の数は2.5倍に増えました。現在，20億人が，危険，紛争，暴力と隣り合わせで生活し，2030年には世界の貧困層の60パーセント以上が，危険，紛争，暴力と隣り合わせで生活することになると言われています。では，どうやって人々の向上心に応えればいいのでしょうか。そのために力を尽くすための新しい考え方はできないでしょうか？できないとしたら非常に心配です。インターネットにより，人々の向上心はかつてなく膨らみつつあります。誰もが他のみんなの生き方を覗ける時代です。そうした環境で生まれる向上心に応える力は育っているのでしょうか？

1　正しい。「your reference income, the income to which you compare your own, also goes up.」この部分から選択肢で述べられていることが正しいということが分かる。　2　誤り。「smartphone is having a huge impact in even the poorest countries.」この部分から，スマートフォンは，最貧の国々にまで多大な影響をもたらしているということが読み取れる。　3　誤り。第2段落の冒頭部分から，「2012年から2015年の間に，テロ事件の数が74パーセントも増加し，テロで死亡した人の数は2.5倍に増えた。」ということが読み取れる。　4　誤り。本文中には，「2030年には世界の貧困層の60パーセント以上が，危険，紛争，暴力と隣り合わせで生活することになると言われている。」と記述されている。　5　誤り。「インターネットにより，人々の向上心はかつてなく膨らみつつある。」と記述されている。

2 5

解説　（大意）ひき逃げ事故は被害者にとって悲惨な出来事となる。国の統計によれば，すべての交通事故の約11％はひき逃げ事故である。つまり，アメリカ合衆国では毎年，およそ70万件のひき逃げ事故が起きている。米運輸省道路交通安全局からは合衆国内のひき逃げ事故が1998年以来15％上昇していることが報告されている。
〈語句〉　victim…〈名〉犠牲（者）。被害（者）

3 2

解説　（日本語訳）もし自分が優柔不断で，それを何とかしようとしているのであれば，優柔不断は必ずしも無知や思考の鈍さのせいではないという事実にすぐに慰めを得ることができる。それどころか，単純な結論に達し，その結論に基づいて行動するのが難しくなるのは，往々にして，実に多くのことを考え，実に多くの疑問を考慮するからである。聡明であればあるほど，決定を下す前に多くの要素を素早く考慮に入れる傾向がそれだけ強くなるかもしれない。もし頭が弱ければ，ほとんど，あるいはまったく苦労しないだろう。というのは，起こりうる様々な結果について考えることができないだろうから。優柔不断で困るのは，たいへん重要な事柄にわざわざ払うかもしれないのと同じ真剣な考慮を，多くの些細な取るに足りない物事にも当てはめる癖が身についていることかもしれない。

4 3

解説 （日本語訳）10代のときには，若者は，必要以上に堅苦しいと思う年長者の語彙や発音を我慢できず，最新の俗語を使って自分がいかに時代の先端を行っているかを示したがるが，しかし年月が経つにつれて，彼が使う俗語の中には標準語法になってしまうものもあり，またいずれにしても当人は次第に目新しい言葉に対する受容性を失っていく。その結果，40代になる頃には，おそらく若い世代の不注意な言葉づかいを嘆くようになっているが，教会や法廷で大真面目に使われている表現や発音の中には自分の両親が眉をひそめたものもあることにはまったく気づいていない。この点で，言語は男性の服の流行に少し似ている。ある世代の略装は次の世代の普段着になり，そして若い医師や銀行員が今日スポーツ用の上着を着て仕事に取り組んでいるのとちょうど同じように，彼らは，かつては俗語や打ち解けた会話に限られていた様々な表現を通常の語彙に取り入れていくのである。

5 3

解説 （日本語訳）これまでわずか2種類の動物だけが，捕獲された動物としてではなく人間の家庭に入り，そして強制労働という手段以外の手段によって飼い馴らされている。それは犬と猫である。この両者には共通点が2つある。つまり，両者共，肉食動物に属していることと，その狩猟能力において人間の役に立っていることである。他のすべての特徴において，とりわけ人間との付き合い方において，犬と猫には夜と昼ほどの違いがある。犬ほど，その生き方全体を，実にその興味の範囲全体を急速に変えてしまっている，つまり本当の意味で飼い馴らされている家畜は他にはいない。そして猫ほど，数百年に及ぶ人間との付き合いの間にほとんど変わっていない動物は他にはいない。

6 2

解説　（日本語訳）歴史を通じて，人間は病気のない生活を夢見てきた。この百年の間に，科学者が病気の原因についてより多くのことを知り，そして新しい特効薬が作られるにつれて，人々は病気の克服を待望するようになった。しかし病気は征服されるどころではなく，これから征服される見込みもほとんどない。

「健康」は定義の難しい言葉だが，人間の集団の健康は通常，そのうちの何人が幼児期を生き延び，そしてどのくらい長生きするかによって評価される。こうした基準によると，健康な国民を有する国は世界に少数しかないことになる。それ以外の国々では，地球の人間の3分の2がそうした国々に住んでいるのだが，健康の状況はまったく異なっている。たとえばインドでは，今日生まれる3人のうち1人しか50歳まで生きる見込みがない。そしてアフリカやアジアの多くの国々では，幼児期の様々な病気を生き延びた子供たちが，適当な種類の食料が十分にない，厳しい生活にさらに直面する。

7 1

解説　（日本語訳）大学生の我が子に，過剰に干渉する親が目立っている。授業の選択から卒業式の服装まで心配する。

「ヘリコプターペアレント」と呼ぶ。元々は米国で使われていた言葉だという。まるでヘリコプターで上空を旋回するように常に子供を見守り，何かあると急降下して援助に向かうからだ。

大阪大教授は，「消費者としての権利意識が強まっていることが背景にある」と指摘する。学費を払うのだから，その分のサービスはしてほしいということ。

少子化で厳しい学生獲得競争にさらされている昨今，こうした熱心な親たちこそ大事にしようという大学も増えてきた。

8 3

解説　朝日新聞『天声人語　夏95』より。（全訳）以前，ギリシャに滞在中，毎日，コーヒーをよく飲んだ。いわゆるトルココーヒーである。濃くて甘い。飲み干すと，カップの半分くらいまで，どろどろの粉が残る。

そのカップを，皿にかぶせるように，さっとさかさまにする。喫茶店の店先で，男たちが，そういう遊びをしていた。カップを持ち上げた時，水分の落ちたどろどろの山に，どういう方向に亀裂がはいっているかを当てる遊びである。占いもする，と言っていた。

少年が街頭を小走りに歩いている。コーヒーの出前である。魚屋の盤台をブリキでつくったような円形の大きな盆に，カップを10も15も乗せて運ぶ。人々は本当によくコーヒーを飲む。エジプトで飲むのも，同じようなトルココーヒーである。道に面した店で飲んでいると，たばこの水パイプを，一服いかがかと持ってくる。

1 「They serve a similar kind of “Turkish” coffee in Egypt.」この一文から，エジプトの人々もトルココーヒーと同じようなコーヒーを飲んでいることが分かる。 2 第一段落の二文目より，トルココーヒーは濃くて甘いことが読み取れる。 3 正しい。第二段落の内容と一致している。4 コーヒーの消費量については，本文中からは読み取れない。 5 冒頭の一文より，ギリシャ滞在中に毎日よくコーヒーを飲んでいたということが読み取れる。

9 2

解説 （大意）かつて北米のオオカミは，絶滅の危機にあった。食物連鎖の頂点にあり，肉に関して人間の最大の競争相手だったオオカミは，1930年代までに米国西部から追われたが，1980年代にはまた増えた。米国政府のオオカミを増やす法案もあり，2008年には増えすぎたオオカミによって500頭以上の家畜が殺された。土地と食物をめぐるオオカミと人間の戦いがまた始まった。

1. 「絶滅を危惧されたことはない」の部分が第一文と矛盾。 3 第5文のpack grew and split into twoは「群れが大きくなって2つに分かれた」の意味。 4 第6文の federal は「連邦の」の意味。北米で連邦制をとっているのはアメリカ。 5 オオカミの数が増えたとはあるが，食肉の流通量が極端に減ったとは書いてない。

●情報提供のお願い●

就職活動研究会では，就職活動に関する情報を募集しています。

エントリーシートやグループディスカッション，面接，筆記試験の内容等について情報をお寄せください。ご応募はメールアドレス（edit@kyodo-s.jp）へお願いいたします。お送りくださいました方々には薄謝をさしあげます。

ご協力よろしくお願いいたします。

会社別就活ハンドブックシリーズ

オービックの
就活ハンドブック

編　者　就職活動研究会
発　行　令和６年２月25日
発行者　小貫輝雄
発行所　協同出版株式会社
〒101－0054
東京都千代田区神田錦町2－5
電話　03－3295－1341
振替　東京00190－4－94061
印刷所　協同出版・POD工場

落丁・乱丁はお取り替えいたします

●2025年度版●

会社別就活ハンドブックシリーズ

【全111点】

運　輸

東日本旅客鉄道の就活ハンドブック

東海旅客鉄道の就活ハンドブック

西日本旅客鉄道の就活ハンドブック

東京地下鉄の就活ハンドブック

小田急電鉄の就活ハンドブック

阪急阪神 HD の就活ハンドブック

商船三井の就活ハンドブック

日本郵船の就活ハンドブック

機　械

三菱重工業の就活ハンドブック

川崎重工業の就活ハンドブック

IHI の就活ハンドブック

島津製作所の就活ハンドブック

浜松ホトニクスの就活ハンドブック

村田製作所の就活ハンドブック

クボタの就活ハンドブック

金　融

三菱 UFJ 銀行の就活ハンドブック

三菱 UFJ 信託銀行の就活ハンドブック

みずほ FG の就活ハンドブック

三井住友銀行の就活ハンドブック

三井住友信託銀行の就活ハンドブック

野村證券の就活ハンドブック

りそなグループの就活ハンドブック

ふくおか FG の就活ハンドブック

日本政策投資銀行の就活ハンドブック

建設・不動産

三菱地所の就活ハンドブック

三井不動産の就活ハンドブック

積水ハウスの就活ハンドブック

大和ハウス工業の就活ハンドブック

鹿島建設の就活ハンドブック

大成建設の就活ハンドブック

清水建設の就活ハンドブック

資源・素材

旭旭化成グループの就活ハンドブック

東レの就活ハンドブック

ワコールの就活ハンドブック

関西電力の就活ハンドブック

日本製鉄の就活ハンドブック

中部電力の就活ハンドブック

九州電力の就活ハンドブック

自動車

トヨタ自動車の就活ハンドブック
デンソーの就活ハンドブック
本田技研工業の就活ハンドブック
日産自動車の就活ハンドブック

商　社

三菱商事の就活ハンドブック
伊藤忠商事の就活ハンドブック
住友商事の就活ハンドブック
双日の就活ハンドブック
丸紅の就活ハンドブック
豊田通商の就活ハンドブック
三井物産の就活ハンドブック

情報通信・IT

NTT データの就活ハンドブック
サイバーエージェントの就活ハンドブック
NTT ドコモの就活ハンドブック
LINE ヤフーの就活ハンドブック
野村総合研究所の就活ハンドブック
SCSK の就活ハンドブック
日本電信電話の就活ハンドブック
富士ソフトの就活ハンドブック
KDDI の就活ハンドブック
日本オラクルの就活ハンドブック
ソフトバンクの就活ハンドブック
GMO インターネットグループ
楽天の就活ハンドブック
オービックの就活ハンドブック
mixi の就活ハンドブック
DTS の就活ハンドブック
グリーの就活ハンドブック
TIS の就活ハンドブック

食品・飲料

サントリー HD の就活ハンドブック
日本たばこ産業 の就活ハンドブック
味の素の就活ハンドブック
日清食品グループの就活ハンドブック
キリン HD の就活ハンドブック
山崎製パンの就活ハンドブック
アサヒグループ HD の就活ハンドブック
キユーピーの就活ハンドブック

生活用品

資生堂の就活ハンドブック
武田薬品工業の就活ハンドブック
花王の就活ハンドブック

電気機器

- 三菱電機の就活ハンドブック
- ダイキン工業の就活ハンドブック
- ソニーの就活ハンドブック
- 日立製作所の就活ハンドブック
- ＮＥＣの就活ハンドブック
- 富士フイルム HD の就活ハンドブック
- パナソニックの就活ハンドブック
- 富士通の就活ハンドブック
- キヤノンの就活ハンドブック
- 京セラの就活ハンドブック
- オムロンの就活ハンドブック
- キーエンスの就活ハンドブック

保　険

- 東京海上日動火災保険の就活ハンドブック
- 第一生命ﾎｰﾙﾃﾞｨﾝｸﾞｽの就活ハンドブック
- 三井住友海上火災保険の就活ハンドブック
- 損保ｼﾞｬﾊﾟﾝの就活ハンドブック

メディア

- 日本印刷の就活ハンドブック
- 博報堂 DY の就活ハンドブック
- TOPPAN ホールディングスの就活ハンドブック
- エイベックスの就活ハンドブック
- 東宝の就活ハンドブック

流通・小売

- ニトリ HD の就活ハンドブック
- イオンの就活ハンドブック
- ZOZO の就活ハンドブック

エンタメ・レジャー

- オリエンタルランドの就活ハンドブック
- アシックスの就活ハンドブック
- バンダイナムコ HD の就活ハンドブック
- コナミグループの就活ハンドブック
- スクウェア･エニックス HD の就活ハンドブック
- 任天堂の就活ハンドブック
- カプコンの就活ハンドブック
- セガサミー HD の就活ハンドブック
- タカラトミーの就活ハンドブック

▼会社別就活ハンドブックシリーズにつきましては，協同出版のホームページからもご注文ができます。詳細は下記のサイトでご確認下さい。
https://kyodo-s.jp/examination_company